the Jane Goodall Institute

#EAT MEAT LESS

GUT FÜR DIE TIERE, DEN PLANETEN UND UNS ALLE

 the Jane Goodall Institute

#EATMEATLESS
GUT FÜR DIE TIERE, DEN PLANETEN UND UNS ALLE

75+ PFLANZENBASIERTE REZEPTE,
DIE DIR UND DER ERDE GUTTUN

Vorwort von Dr. Jane Goodall, DBE,
Gründerin des Jane Goodall Institute
und UN-Friedensbotschafterin

INHALT

Hauptgerichte

Desserts

Basisrezepte

VORWORT
Dr. Jane Goodall, DBE

Jeden Tag unseres Lebens haben wir die Wahl, welchen Einfluss wir ausüben wollen. *Sich anders zu ernähren, muss keine radikale Veränderung sein – kleine Schritte machen den Unterschied!* Sie haben die Wahl einer besseren Welt, indem Sie berücksichtigen, welchen Einfluss Sie mit einer pflanzenbasierten Ernährung ausüben. Als Neuling auf diesem Gebiet, aber auch wenn Sie sich seit längerer Zeit pflanzlich ernähren, wird dieses Buch Sie inspirieren. Es zeigt, wie einfach und kostengünstig eine solche Ernährung sein kann. Aber mehr noch wollen wir Ihnen zeigen, dass das, was wir essen, wirklich wichtig ist und einen Unterschied macht, denn immer mehr Menschen entscheiden sich für eine pflanzenbasierte Ernährung. Entscheiden Sie sich für #EATMEATLESS, macht es einen Unterschied für Sie – für Ihre Gesundheit, für andere Menschen, für den Planeten und für das Leben von Milliarden Tieren in Massentierhaltung.

Warum ist es wichtig, welchen Unterschied macht es? Drei Hauptgründe, warum man weniger Fleisch essen sollte: Erstens, um die Massentierhaltung abzuschaffen. Ich hörte etwa vor 50 Jahren auf, Fleisch zu essen, als ich das erste Mal von Mastbetrieben erfuhr. Ich blickte auf das Stück Fleisch auf meinem Teller und dachte: Das steht für: Angst – Schmerz – Tod. Wir müssen gewahr werden, dass Milliarden Tiere, die weltweit in Tierfarmen leiden, Individuen mit komplexen Gefühlen, Intelligenz und sozialen Bindungen sind.

Als ich erstmals in die Augen eines wilden Schimpansen blickte, wusste ich, dass ein intelligentes Wesen meinen Blick erwiderte. Ich lernte die Mitglieder der Gemeinschaft mit ihren unterschiedlichen Persönlichkeiten kennen; Wesen, die Werkzeuge verwenden und herstellen, lang andauernde Familienbande knüpfen und Altruismus zeigen. Anfangs tadelten mich viele Wissenschaftler, die mich überzeugen wollten, dass diese Eigenschaften nur Menschen eigen seien – dass wir uns stark vom restlichen Tierreich unterschieden. Aber mit der Zeit zwangen detaillierte Beobachtungen und Dokumentarfilme die Leute, diese reduktionistische Sichtweise aufzugeben. Wir sind Teil des Tierreiches und nicht davon abgekoppelt. Kühe, Schweine, Schafe und Ziegen sind höchst intelligent. Hühner, Gänse, Enten und Puten fühlen Angst und Schmerz. Welches Recht haben wir, all diese Tiere

zu behandeln, als ob sie nur Dinge wären, die in die Welt gesetzt wurden, damit wir sie essen? Schweine sind zum Beispiel verglichen mit Hunden und Primaten viel intelligenter. Ich liebe Schweine.

Es ist wichtig zu sehen, dass alle Tiere individuelle Wesen sind und ihr Leben aus sich heraus wertvoll ist. Wir müssen uns für sie stark machen, da sie nicht für sich selbst sprechen können.

Außerdem bedeutet Massentierhaltung großen Schaden für die Umwelt und trägt zum Klimawandel bei. Tiere müssen gefüttert werden und weite Flächen der Wildnis werden für Futteranbau und Weiden zerstört. Studien zeigten, dass man für die Produktion von tierischem Eiweiß viel mehr Land, Wasser und Energie benötigt als für pflanzliches Eiweiß. Rinder, Schafe und die Milchproduktion sind die größten Missetäter.[1]

Überall nehmen Wasservorräte ab und die Landwirtschaft verbraucht mehr Wasser als jede andere menschliche Tätigkeit.[2] Fast ein Drittel des Wassers läuft in die Tierhaltung. Rinderfarmen zerstören lebenswichtigen Regenwald, der, wenn man ihn abholzt oder niederbrennt, riesige Mengen an Kohlenstoff in die Atmosphäre entlässt und damit zu den Treibhausgasen beiträgt, die für den Klimawandel verantwortlich sind. Wenn Tiere Futter verdauen, stoßen sie Methangas aus – ein weiteres Treibhausgas, das zum Klimawandel beiträgt.[3] Die fossilen Brennstoffe, die man für Landmaschinen, Düngemittelproduktion und Transport von Getreide und Tieren benötigt, verstärken das düstere Bild. Laut einem Sonderbericht des Weltklimarates ist die globale Viehzucht – mit eingeschlossen die Produktion von Futter und Düngemitteln sowie der Transport – verantwortlich für über 14 % aller Treibhausgas-Emissionen.[4] Diese Emissionen beschleunigen den Klimawandel, dieser wiederum beschleunigt die Zerstörung von Land und destabilisiert die weltweite Versorgung mit Nahrungsmitteln. Die Zeit, die uns

[1] Swinburn, Boyd A, Vivica I Kraak, Steven Allender, Vincent J Atkins, Phillip I Baker, Jessica R Bogard, Hannah Brinsden, et al. 2019. „The Global Syndemic of Obesity, Undernutrition, and Climate Change: The Lancet Commission Report." The Lancet 393 (10173): 791–846. https://doi.org/10.1016/s0140-6736(18)32822-8.
[2] Little, Amanda. 2019. *The Fate of Food: What We'll Eat in a Bigger, Hotter, Smarter World* (New York: Harmony Books), 20.
[3] Yale University. 2011. „Cattle Ranching in the Amazon Region | Global Forest Atlas." Yale.Edu. 2011. https://globalforestatlas.yale.edu/amazon/land-use/cattle-ranching
[4] IPCC, [P.R. Shukla, J. Skea, E. Calvo Buendia, V. Masson-Delmotte, H.- O. Pörtner, D. C. Roberts, P. Zhai, R. Slade, S. Connors, R. van Diemen, M. Ferrat, E. Haughey, S. Luz, S. Neogi, M. Pathak, J. Petzold, J. Portugal Pereira, P. Vyas, E. Huntley, K. Kissick, M. Belkacemi, J. Malley, (eds.)]. 2019: *Summary for Policymakers. In: Climate Change and Land: an IPCC special report on climate change, desertification, land degradation, sustainable land management, food security, and greenhouse gas fluxes in terrestrial ecosystems.*

bleibt, bevor der Schaden irreversibel ist, wird immer kürzer und es ist klar, dass wir handeln müssen – jetzt. Sich für eine pflanzenbasierten Ernährung zu entscheiden, ist ein Weg, mit dem jeder von uns der Welt helfen kann.

Und schließlich können Sie mit der Entscheidung, weniger Fleisch zu essen, auch Ihre Gesundheit verbessern und die vieler Menschen, besonders jener, die in diesen Industriebetrieben angestellt oder durch die Ungerechtigkeit des aktuellen Ernährungssystems benachteiligt sind.

Zusätzlich herrschen in der industriellen Tierhaltung für die Angestellten mit die schlechtesten Verhältnisse.[5] Viele große Unternehmen sehen sich mit Klagen über die Arbeitsbedingungen in ihren Fabriken und die schlechte Entlohnung ihrer benachteiligten Belegschaft konfrontiert, darunter viele Farbige und Migranten.[6] Über den Schaden hinaus, den Unternehmen den Angestellten zufügen, sind billige Tierprodukte gerade dort weit verbreitet, wo der Zugang zu frischen Produkten stark limitiert ist, was der Gesundheit der Menschen in diesen Regionen weiter schadet.

Wir müssen es besser machen.

Trotz allem habe ich viele Gründe zur Hoffnung – einer davon ist das bemerkenswerte menschliche Gehirn. Es gibt bereits so viele Erfindungen und Ideen, um das System zu verändern. Jeden Tag gibt es neue Optionen für pflanzenbasierte Ernährung und dieses Buch ist der Beweis, dass weniger Fleisch zu essen nicht bedeutet, auf den Genuss, die Kultur oder die Zugänglichkeit von Lebensmitteln zu verzichten. *Sie können helfen, ein Nahrungssystem zu etablieren, das Menschen, Tiere und den Planeten schont.* Greifen Sie also auf #EATMEATLESS zurück – dieser kleine Schritt kann große Wirkung haben. Stellen Sie sich die Welt vor, die wir erschaffen könnten – mit einem Bissen nach dem anderen.

[5] American Public Health Association. 2017. „Improving Working Conditions for U.S. Farmworkers and Food Production Workers." https://www.apha.org/policies-and-advocacy/public-health-policy-statements/policy-database/2018/01/18/improving-working-conditions.

[6] McConnell, Matt. 2019. „'When We're Dead and Buried, Our Bones Will Keep Hurting' | Workers' Rights Under Threat in US Meat and Poultry Plants." Human Rights Watch. https://www.hrw.org/report/2019/09/04/when-were-dead-and-buried-our-bones-will-keep-hurting/workers-rights-under-threat.

IHR TELLER
& DIE ERDE

Eines der dringlichsten Themen unserer Zeit ist die fortschreitende Umweltzerstörung. Die Ursachen, die zur Zerstörung der Umwelt und zum Klimawandel führen, liegen in einer Reihe von Handlungen, die oft von mächtigen Konzernen und von globaler, umweltfeindlicher Nachfrage angetrieben werden. Für jeden Einzelnen kann die Situation erdrückend erscheinen. Wenn Sie sich frustriert und machtlos fühlen, gibt es einen einfachen Schritt, um Ihren Klima-Fußabdruck zu verringern: Ernähren Sie sich pflanzlich.

„Jede Entscheidung, die wir treffen – was wir kaufen, was wir essen –, hat eine Auswirkung auf die Umwelt, auf das Wohl der Tieren und, ganz wichtig, auf die menschliche Gesundheit." [7]

Die Umstellung des Konsums von tierischen auf pflanzliche Produkte ist ein kleiner, aber wichtiger Schritt zur Reduzierung der Treibhausemissionen und gegen den Klimawandel. *Keine Einzelperson kann den Klimawandel stoppen, aber viele machen mit kleinen Veränderungen einen Unterschied; Ihre Konsumentenrolle ist wichtig!* Viele Unternehmen orientieren sich bereits mehr an einem umweltbewussteren, pflanzenbasierten Markt, angetrieben von Menschen wie Ihnen! Man muss nicht reich sein oder sein ganzes Leben dem Aktivismus widmen. Indem Sie täglich pflanzliche Nahrung zu sich nehmen, haben Sie selbst die Möglichkeit, viel zu bewirken und zu verändern. Pflanz-

---

[7] Ekwurzel, B., Boneham, J., Dalton, M.W. et al. 2017. *The rise in global atmospheric CO2, surface temperature, and sea level from emissions traced to major carbon producers.* Climatic Change 144, 579–590.
[8] Goodall, McAvoy, and Hudson, *Harvest for Hope,* xxiii–xxiv.
[9] IPCC, [P.R. Shukla, et al]. *Summary for Policymakers.*
[10] McMullen, S., Halteman, M.C. 2019. *Against Inefficacy Objections: the Real Economic Impact of Individual Consumer Choices on Animal Agriculture.* Food ethics 2, 93–110.

lich zu essen bedeutet eine Reduktion tierischer Produkte und zu lernen, wie Nahrungssysteme und Konsumenten den Planeten beeinflussen. *Versuchen Sie, wenn möglich, regional (abhängig von der Art des üblichen Transports für typische Lebensmittel nach Entfernung) und biologisch saisonal zu kaufen (oder selbst anzubauen!)* Dies sind alles gute Möglichkeiten, um sich auf Nachhaltigkeit und Ihren CO_2-Fußabdruck zu konzentrieren, aber vor allem kommt es darauf an, was Sie essen – pflanzliche Ernährung hat wirklich großen Einfluss!

[11] IPCC, [P.R. Shukla, et al]. *Summary for Policymakers.*

IHRE NAHRUNG &
DIE HERSTELLUNG

Das aktuelle System industrieller Landwirtschaft in Abhängigkeit fossiler Brennstoffe, Chemikalien, Wasser und Land ist nicht nachhaltig. Es vergiftet Luft und Wasser, fördert Krankheit und soziale Ungleichheit und belässt die Kontrolle über unsere Nahrung in den Händen weniger.[8] Industrielle Landwirtschaft ist verantwortlich für einen signifikanten Prozentsatz an globalen Treibhausgas-Emissionen.[9] Berücksichtigt man Vor- und Nachbereitung der Produktion, ist der Prozentsatz sogar noch höher. Um ausreichend billige Nahrungsmittel zu produzieren, verwendet auch die Massentierhaltung Chemikalien und intensive, konzentrierte Methoden.

„Noch nie war es so entscheidend wie jetzt, genau darauf zu achten, woher unsere Nahrung kommt und wie sie angebaut, gezogen und geerntet wird, sodass wir nach bestem Wissen und Gewissen die richtigen Dinge kaufen. Denn unsere Wahl beeinflusst nicht nur unsere eigene Gesundheit, sondern auch die Umwelt und das Wohl der Tiere." [10]

Trotz der „Leistung" der industriellen Farmen ist das auf Tierprodukten basierende Modell nicht effizient – der nicht nachhaltige Verbrauch von Land trägt hochgradig zum Klimawandel bei. Riesige Landstreifen werden mit Düngemitteln und Pestiziden besprüht, um Pflanzen anzubauen, die nach der Ernte an Tiere verfüttert werden. Tiere werden gefüttert und getränkt und produzieren Mist, bevor man sie schlachtet. Das Pflanzen, Ernten, Transportieren und Kühlen der Endprodukte verbraucht

[12] Woodall, Patrick, and Tyler L. Shannon. 2018. „Monopoly Power Corrodes Choice and Resiliency in the Food System." The Antitrust Bulletin 63 (2): 198–221. https://journals.sagepub.com/doi/10.1177/0003603X18770063.

[13] Hersher, Rebecca, and Allison Aubrey. 2019. „To Slow Global Warming, U.N. Warns Agriculture Must Change." NPR.Org. August 8, 2019. https://www.npr.org/sections/thesalt/2019/08/08/748416223/to-slow-global-warming-u-n-warns-agriculture-must-change.

[14] Allen, A. M., & Hof, A. R. 2019. *Paying the price for the meat we eat.* Environmental Science & Policy, 97, 90-94.

[15] Goodall, McAvoy, and Hudson, *Harvest for Hope,* 280.

riesige Mengen an Wasser und fossilen Brennstoffen. Fleisch und Milchprodukte haben die größten Auswirkungen auf die Umwelt.[11] Pflanzliche Nahrung wirkt sich ebenfalls auf die Umwelt aus, aber im allgemeinen braucht man für die Produktion von einem Kilo pflanzlichem Eiweiß weniger Land, Energie und Wasser als für die gleiche Menge von tierischem Eiweiß.

„Ein Weg, der wirklich einen Unterschied macht, ist, darüber nachzudenken, was wir essen. Jede Entscheidung, die wir treffen – was wir kaufen, was wir essen – hat eine Auswirkung auf die Umwelt, auf das Wohl der Tiere und, ganz wichtig, auf die menschliche Gesundheit." [12]

Im Grunde ist Massentierhaltung schrecklich grausam – Misshandlung von Tieren zeigt das Schlimmste im Menschen. 1960 veränderte Dr. Goodall das Verständnis für unsere nächsten Verwandten – wilde Schimpansen. Ihre Forschung warf Licht auf deren unglaubliche Intelligenz, Gefühle und Fähigkeit zu Mitgefühl. Seitdem widerspiegeln viele Forschungen ein völlig neues Verständnis für nicht menschliche Wesen – nuanciert und gefühlvoll. Massenzucht ignoriert nicht nur das Recht der Tiere auf ein würdevolles Leben, sondern unterwirft diese zudem den abscheulichsten, grausamsten Bedingungen.[13] Indem man sich zu #EATMEATLESS bekennt, trägt man dazu bei, diese Industrie von Grausamkeiten zu bekämpfen. Je öfter Sie pflanzliche Nahrung wählen, desto mehr füllen Sie die Welt mit Hoffnung für Tiere!

[16] Swinburn, Boyd A, et al. „The Global Syndemic of Obesity".
[17] Shepon, Alon, Gidon Eshel, Elad Noor, and Ron Milo. 2018. „The Opportunity Cost of Animal Based Diets Exceeds All Food Losses." Proceedings of the National Academy of Sciences 115 (15): 3804–9. https://doi.org/10.1073/pnas.1713820115.
[18] Fiber-Ostrow, Pamela, and Jarret S. Lovell. 2016. „Behind a Veil of Secrecy: Animal Abuse, Factory Farms, and Ag-Gag Legislation." Contemporary Justice Review 19 (2): 230–49. https://www.tandfonline.com/doi/full/10.1080/10282580.2016.1168257.

KLEINE LÖSUNGEN KÖNNEN UNSER ERNÄHRUNGSSYSTEM RETTEN

Die Ernährung gegenüber Tieren und der Erde freundlicher zu gestalten, muss nicht heißen, gar keine Tierprodukte mehr zu essen – man kann es auch einfach weniger oft tun. Ersetzen Sie beim Frühstück Speck mit Ei einfach durch eine Gemüse-Frittata. Wenn Sie zwei Mal die Woche Hamburger essen, verzichten Sie auf einen. Grillen Sie Gemüse statt eines Steaks oder machen Sie einen herzhaften Salat statt Fleischbällchen. Wenn Sie mit #EAT-MEATLESS das Gefühl für fleischloses Essen bekommen, wird es zur Gewohnheit werden.

„Jedes Mal, wenn ein Einzelner seinen Lebensstil ändert, wird die Anzahl der Leute, die ethisch und gesund essen, mehr – um einen." [14]

Testen Sie lokale Bauernmärkte, so es welche gibt, oder suchen Sie andere Quellen für regionale Lebensmittel. Wenn Sie einen passenden Markt gefunden haben, lernen Sie die Bauern näher kennen. Sie sind ein wertvoller Teil der Gemeinschaft und zeigen Ihnen, was gut und frisch ist. Sie können auch lernen, Ihr eigenes Gemüse zu ziehen, selbst wenn Sie keinen großen Garten oder gar keinen haben. Übrig gebliebene und ins Wasser gestellte, untere Teile vieler Gemüsesorten wie Salat kann man neu wachsen lassen. Und wenn Sie keinen Zugang zu Bauernmärkten oder frischen Produkten haben, stocken Sie Ihren Vorrat an Bohnen, Nüssen, Samen und anderen pflanzlichen Grundnahrungsmittel auf – viele davon sind sogar überraschend billig. Es gibt auch neue Optionen, wie von den Gemeinden unterstützte landwirtschaftliche Gruppen, die frische, regionale Produkte liefern. Mit diesem Ansatz bekommen Sie wieder mehr Gefühl für die Jahreszeiten und dafür, was zu

---

[14] Goodall, McAvoyund Hudson, Harvest for Hope, 284.

welcher Zeit im Jahr geerntet wird. Jede Jahreszeit hat ihr buntes, herzhaftes Obst und Gemüse. Eine Ernährung mit Obst, Gemüse Vollkorn, Knollen und Hülsenfrüchten – mit Nudeln, Nüssen und Kräutern – ermöglicht zahllose Optionen für einen köstlichen, nahrhaften und gesunden Weg, der Ihnen, den Tieren und der Erde guttut.

„Wir, die uns sorgen, müssen jedes Mittel ergreifen, um dagegen anzukämpfen. Wir werden einige Schlachten verlieren – aber wir dürfen nicht aufgeben." [15]

Die folgende Rezeptesammlung enthält köstliche und nahrhafte Gerichte für jede Tageszeit. Für das Frühstück findet man Buchweizen-Muffins mit Blaubeeren (leicht im Voraus zuzubereiten), Wraps mit Tofu, Spinat und Sonnenblumenkernen sowie eine Quinoa-Joghurt-Bowl mit Konfitürengarnitur und Pistazien. Im Kapitel Suppen und Salate gibt es etwa eine cremige Karottensuppe mit Karottengrün-Gremolata (man verwendet Karotten von „Kopf bis Fuß"), Pilz-Gersten-Suppe mit Thymian, Kartoffel-Radieschen-Salat mit Senf-Dill-Vinaigrette und Gado-Gado-Wintersalat mit Erdnusssauce. Die Hauptgerichte sind inspiriert von den Küchen rund um die Welt: Gemüsesalat mit Tempeh nach indonesischer Art, Schwarze-Bohnen-Avocado-Sopes, in der Pfanne gebratene Falafel mit Kreuzkümmel und Knoblauch, Strudel mit Röstgemüse und Carolina-Reis mit Chipotle und Kidney-Bohnen. Runden Sie die Mahlzeiten ab mit Desserts von Mokka-Brownies und Apfel-Cranberry-Riegel bis zu in Schokolade getauchten kandierten Orangenschalen und Aquafaba-Schokoladenmousse.

Man kann ein Klimaaktivist in der eigenen Küche sein. Weniger tierische Produkte zu essen, ist nicht nur der Gesundheit und dem Wohlergehen zuträglich, sondern hilft auch, die Erde zu schützen.

„Ja, gemeinsam sind wir, die Menschen, die Kraft, die zu Veränderung führt." [16]

---

[20] Goodall, McAvoy, and Hudson, *Harvest for Hope*, 284.

FRÜHSTÜCK

„Was uns der aufregende Bio-Boom gelehrt hat, ist, dass wir, die Menschen, die globale Praxis der Landwirtschaft durch den Wert der Produkte, die wir kaufen – und jener, die wir nicht kaufen –, ändern können." —Jane

WRAPS MIT GERÜHRTEM TOFU, SPINAT & PIKANTEN SONNENBLUMENKERNEN

Lassen Sie die Eier den Hennen und versuchen Sie gerührten Tofu. Hier gewinnt Tofu durch Kichererbsenmehl und Kurkuma die Konsistenz und die Farbe von Ei. Der CO_2-Fußabdruck von Tofu ist gering, der Eiweißgehalt hingegen hoch – kaufen Sie also das nächste Mal einen Block oder zwei. Man kann das Gericht auch direkt aus der Pfanne mit Toast genießen.

FÜR DIE PIKANTEN SONNENBLUMENKERNE

60 g Sonnenblumenkerne

¼ TL Avocadoöl

¼ TL geräuchertes Paprikapulver

Meersalz

340 g extra fester Tofu

20 g Kichererbsenmehl

2 TL getrocknetes Basilikum

½ TL gemahlene Kurkuma

frisch gemahlener Pfeffer

1 EL Tamari

2 TL Apfelessig

1 TL Dijon-Senf

3 Frühlingszwiebeln, dünn geschnitten

1 große Karotte, geraspelt

2 TL Avocadoöl

4 Vollweizen-Tortillas (23 cm Durchmesser)

60 g Babyspinat

ERGIBT 4 PORTIONEN

1. Für die Sonnenblumenkerne eine kleine Schüssel vorbereiten. In einer kleinen Pfanne die Sonnenblumenkerne bei mittlerer bis hoher Hitze unter Schütteln und Rühren 3–5 Minuten leicht rösten, bis sie duften. Mit Öl beträufeln, mit Paprikapulver und ¼ TL Salz bestreuen und schnell verrühren, bis alle Kerne damit überzogen sind. In die Schüssel geben und vor Verwendung leicht auskühlen lassen.

2. Tofu abgießen, in ein dickes Küchentuch wickeln, auf einen Teller legen und mit einer schweren Pfanne oder Schneidebrett etwa 5 Minuten beschweren. Auswickeln, trocken tupfen und über einer großen Schüssel grob zerkrümeln.

3. Tofu mit Kichererbsenmehl, Basilikum, Kurkuma und ½ TL Pfeffer bestreuen. Tamari, Essig und Senf zugeben. Mit den Händen vorsichtig vermengen, dabei den Tofu einem Rührei ähnlich zerkrümeln. Frühlingszwiebeln und Karotte untermischen.

4. Eine große Pfanne bei mittlerer bis hoher Hitze erwärmen. Wenn sie heiß ist, Öl zugeben und gleichmäßig verteilen. Tofu-Mischung zugeben und mit einem metallenen Pfannenwender etwa 5 Minuten rühren, dabei die Mischung vom Pfannenboden kratzen, bis der Tofu leicht gebräunt ist.

5. Für jeden Wrap eine Tortilla auf einen Teller legen und die Mitte mit je einem Viertel des Spinats belegen. Darauf je ein Viertel der heißen Tofumischung verteilen. Mit 2 EL gewürzten Sonnenblumenkernen bestreuen, dann die Tortillas an den Seiten falten und aufrollen. Sofort servieren.

BANANEN-PANCAKES MIT SAISONALEM FRUCHTSIRUP

Weißes Vollkornmehl besteht aus einer Hartweizenart mit blasser äußerer Kleieschicht, sodass es wie weißes Mehl aussieht, aber alle Vorteile von Vollkornweizen besitzt. Falls Sie keines finden, ersetzen Sie es durch Vollkornmehl für Feingebäck. Die reife Banane wird in der heißen Pfanne schön karamellisieren – eine perfekt Unterlage für den Fruchtsirup.

225 g frische oder aufgetaute Beeren oder Früchte, plus frische Beeren zum Garnieren

80 g Ahornsirup

185 g Vollweizenmehl oder Vollkornmehl für Feingebäck

1 EL brauner Zucker

1 TL Backpulver

½ TL Natron

Meersalz

350 ml ungesüßter Milchersatz, plus 1 EL

2 EL Rapsöl

1 EL Apfelessig

2 EL Leinsamenschrot

1 große, reife Banane, geschält und in dünne Scheiben geschnitten

ERGIBT 4 PORTIONEN

1. Für den Fruchtsirup die Früchte und den Ahorsirup in einem Topf (1 l) vermischen und bei mittlerer Hitze zum Kochen bringen. Unter häufigem Rühren 2–5 Minuten kochen, bis die Früchte weich sind und der Saft leicht eingedickt ist. Bei niederer Hitze warm stellen, während man die Pancakes vorbereitet.

2. Eventuell den Backofen auf 95 °C vorheizen. Eine hitzebeständige Platte oder Pfanne zum Warmhalten in den Ofen geben.

3. In einer großen Schüssel Mehl, braunen Zucker, Backpulver, Natron und ½ TL Salz vermengen. In einer mittleren Schüssel Milchersatz, Öl, Essig und geschrotete Leinsamen verrühren und 5 Minuten zum Gelieren stehen lassen. Die Milchmischung in die Mehlmischung einrühren, bis das ganze Mehl feucht ist.

4. Eine Grillplatte oder eine große beschichtete Pfanne bei großer Hitze erwärmen und kurz bevor der Teig eingegossen wird, mit Pflanzenöl besprühen. Teig nochmals umrühren, ca. 60 ml davon auf die heiße Platte gießen, dabei 2,5 cm Platz zwischen den Pancakes lassen. 3 Bananenscheiben auf jeden Pancake legen und mit einem Spatel festdrücken. Wenn der Teig beginnt, Blasen zu werfen, auf mittlere Hitze reduzieren. Sobald die Ränder der Pancakes nach etwa 2 Minuten trocken und gar sind und die Oberfläche mit Löchern übersät ist, wenden. 2 Minuten auf der zweiten Seite backen. Die fertigen Pancakes, wenn gewünscht, auf die Platte im Ofen geben, während man die restlichen Pancakes zubereitet – wenn nötig, mehr Pflanzenöl aufsprühen.

5. 3-4 Pancakes auf jeden Teller legen, mit je einem Viertel des Fruchtsirups begießen und mit Beeren garnieren. Sofort servieren.

QUINOA-JOGHURT-BOWLS MIT KONFITÜRENGARNITUR & PISTAZIEN

Quinoa wird hauptsächlich in Peru, Bolivien und Ecuador angebaut. Diese Bowls eignen sich besonders für diese getreideähnlichen Samen, die eine großartige Quelle für Eiweiß, Ballaststoffe, B-Vitamine und Mineralien für pflanzenbasiertes Essen sind. Mit einem Apfel, einer Birne oder einem anderen lokalen und saisonalen Obst ergibt es eine erfrischende, leichte Bowl.

115 g Quinoa, abgespült und abgegossen

70 g Orangenmarmelade

2 EL Orangensaft

1 großer Apfel oder 1 große Birne, halbiert, entkernt und in Scheiben geschnitten

225 g Natur-Haferjoghurt oder anderer Joghurt aus Ersatzmilch

2 EL geröstete Pistazien, gehackt

ERGIBT 2 PORTIONEN

1. In einem kleinen Topf 180 ml Wasser zum Kochen bringen. Quinoa zugeben, nochmals aufkochen, zugedeckt bei niederer Hitze ca. 15 Minuten die Flüssigkeit aufsaugen lassen. Den Deckel abnehmen, auflockern und auskühlen lassen. (Quinoa kann man einen Tag im Voraus machen und gut verschlossen und gekühlt aufbewaren.)

2. Für die Bowls Orangenmarmelade in einer kleinen Schüssel mit dem Orangensaft vermischen. Quinoa auf zwei flache Schüsselchen verteilen und je einen in Spalten geschnittenen Apfel darauf arrangieren. Joghurt in die Mitte jeder Schüssel setzen und mit der Orangenmischung beträufeln. Jedes Schüsselchen mit 1 EL Pistazien bestreuen und servieren.

VEGGIE-KIRCHERERBSEN-
FRITTATA-MUFFINS

Ein Frühstück, das man gut im Voraus zubereiten und aufwärmen oder zum Mitnehmen einpacken kann. Kichererbsenmehl gewinnt man aus nachhaltigen, billigen Bohnen, es ist vollwertig, mit hohem Ballaststoff- und Proteingehalt und ersetzt Hühnereier. Schwarzsalz oder Kala Namak, ein schwefelhaltiges Salz aus Indien, lässt pflanzenbasierte Speisen nach Ei schmecken. Sollten Sie es nicht finden, ersetzen sie es durch eine etwas kleinere Menge hochwertiges Salz.

1 EL Olivenöl

115 g gelbe Zwiebel, gehackt

115 g Blumenkohl, gehackt

60 g Babyspinat

1 Tomate, gehackt

Meersalz

130 g Kichererbsenmehl

1 TL Schwarzsalz

frisch gemahlener Pfeffer

ERGIBT 9 FRITTATA-MUFFINS

1. Backofen auf 190 °C vorheizen. 9 Standard-Muffinformen mit 1 TL Öl befetten.

2. In einer großen Pfanne 2 TL Olivenöl bei mittlerer bis hoher Hitze erwärmen. Zwiebel und Blumenkohl unter gelegentlichem Rühren darin braten, bis das Gemüse zu brutzeln beginnt. Auf mittlere Hitze reduzieren. Wenn der Blumenkohl nach etwa 4 Minuten zart ist, die Pfanne vom Herd nehmen. Spinat, Tomaten und ½ TL Salz zugeben und stehen lassen, bis der Spinat zusammenfällt.

3. In einer mittleren Schüssel Kichererbsenmehl, Schwarzsalz, ½ TL Pfeffer und 350 ml Wasser vermengen. Das gekochte Gemüse unter die Kichererbsenmischung rühren und je etwa 115-g-Portionen auf die vorbereiteten Muffinformen verteilen und glatt streichen.

4. Etwa 45 Minuten backen, bis die Oberfläche aufspringt und sich fest anfühlt, wenn man darauf drückt. Auf dem Backblech oder einem Gitterrost 5 Minuten auskühlen lassen. Warm oder bei Raumtemperatur servieren. Die Muffins kann man luftdicht verpackt bis zu 4 Tage im Kühlschrank aufbewahren.

SÜSSKARTOFFELN MIT JOGHURT & AHORN-KÜRBISKERNEN

Diese Alternative zu Frühstücksgetreide wie Haferflocken ergibt ein Gericht rund um umweltfreundliche Süßkartoffeln. Die günstigen kleinen Knollen, reich an Beta-Karotin, Vitaminen, Mineralstoffen und Ballaststoffen, verfügen über eine natürliche Süße, die sich perfekt mit Joghurt und Toppings paart. Heutzutage gibt es viele Milchersatz-Joghurts aus Hafer, Kokosnuss und anderen ungesüßten Ersatzprodukten für Milch.

450 g Süßkartoffeln, in 12 mm große Würfel geschnitten

60 g Kürbiskerne (Pepitas)

1 EL Ahornsirup, plus mehr zum Servieren (optional)

Meersalz

1 kg Natur-Haferjoghurt oder anderer Joghurt aus Ersatzmilch

ERGIBT 4 PORTIONEN

1. In einem Topf, groß genug für einen Dampfeinsatz, Wasser zum Kochen bringen. Süßkartoffeln in den Dampfeinsatz legen und etwa 10 Minuten kochen, bis man sie mit einem Messer leicht anstechen kann. Herausnehmen und leicht auskühlen lassen.

2. Einen kleinen Teller bereithalten. In einer kleinen Pfanne die Kürbiskerne bei mittlerer bis hoher Hitze rösten. Die Pfanne schwenken und die Kerne etwa 3 Minuten schütteln, bis sie aufplatzen und duften. Vom Herd nehmen und mit Ahornsirup beträufeln. Eine Prise Salz zugeben, schnell verrühren, sodass die Kerne überzogen sind, dann auf einem Teller auskühlen lassen.

3. Süßkartoffelwürfel und Joghurt gleichmäßig auf Schüsseln verteilen. Jede Schüssel mit 2 EL Ahornkürbiskernen bestreuen. Wenn gewünscht, mit mehr Ahornsirup beträufeln und servieren.

BUCHWEIZEN-MUFFINS MIT BLAUBEEREN

Wenn Sie bis jetzt Buchweizen nur von Pancakes kennen, werden diese Muffins eine Offenbarung sein. Buchweizen verleiht den Muffins eine purpurne Färbung, die zum Blau der Blaubeeren passt, und diese Farben sind ein sicheres Zeichen für Antioxidantien. Das nachhaltige Korn mit dem nussigen Geschmack wächst auf kargen Böden und liefert höhere Werte an Mineralien als Weizen oder Reis.

185 g Vollweizenmehl für Feingebäck

90 g Buchweizenmehl

200 g Bio-Rohrzucker

1 TL Backpulver

½ TL Natron

Meersalz

1 EL Abrieb von einer Bio-Zitrone

180 ml ungesüßter Milchersatz

2 EL Zitronensaft

2 EL Leinsamenschrot

120 ml Avocadoöl

170 g Blaubeeren

3 EL brauner Zucker

ERGIBT 12 MUFFINS

1. Den Backofen auf 180 °C vorheizen. 12 Standard-Muffinformen mit Backpapier auslegen. Die Ränder der Formen befetten, sodass die Muffins am oberen Rand nicht kleben bleiben.

2. In einer großen Schüssel Vollweizen- und Buchweizenmehl, Zucker, Backpulver, Natron, ½ TL Salz und Zitronenabrieb vermengen.

3. In einer mittleren Schüssel Milchersatz, Zitronensaft und Leinsamenschrot vermengen. 5 Minuten stehen lassen, sodass der Leinsamen gelieren kann. Öl einrühren. Die Milchmischung gut in die Mehlmischung rühren. Blaubeeren vorsichtig untermengen.

4. Jeweils 80 ml des Teiges in die vorbereiteten Muffinformen füllen. Oberflächen glatt streichen und gleichmäßig mit braunem Zucker bestreuen.

5. Etwa 30 Minuten backen, bis an einem in die Mitte des Muffins gesteckten Zahnstocher kein Teig mehr haften bleibt. In der Form auf einem Gitter 10 Minuten auskühlen lassen, danach die Muffins aus den Formen lösen, auf ein Gitter geben und komplett auskühlen lassen.

KEKSE AUS DINKEL & CHIASAMEN

Dinkel ist eine Weizenart, die bereits in der Bronzezeit existierte. Obwohl er glutenhaltig ist, vertragen ihn manche Menschen, die auf Weizen allergisch sind. Dinkel hat einen süßen, nussigen Geschmack und ergibt köstliche, zarte Kekse. Hier ersetzt gekühltes Kokosfett die Butter und sorgt für buttrige Flockigkeit und Mundgefühl auf rein pflanzlicher Basis.

250 g Dinkelmehl oder Vollweizen-mehl für Feingebäck, plus mehr zum Bestäuben

2 EL Bio-Rohrzucker

1 TL Natron

1 TL Backpulver

Meersalz

6 EL Kokosfett (90 ml), geschmolzen und kaltgestellt

180 ml ungesüßter Milchersatz

1 TL Apfelessig

50 g Chiasamen

ERGIBT 12 PLÄTZCHEN

1. Den Backofen auf 200 °C vorheizen. Ein Backblech mit Rand mit Backpapier auslegen.

2. In einer großen Schüssel Mehl, Zucker, Natron, Backpulver und 1 TL Salz vermengen. Mit einer Reibe das gekühlte Kokosfett in die Mehlmischung raspeln. Umrühren, um die Kokosfettraspel mit Mehl zu bedecken, und mit den Fingern kurz einarbeiten.

3. In einer kleinen Schüssel Milchersatz, Essig und Chiasamen verquirlen. 5 Minuten stehen lassen, sodass die Chiasamen gelieren können, dann rasch in die Mehlmischung einrüh-ren. Sobald sich ein Teig bildet, diesen auf eine gut bemehlte Arbeitsfläche geben. Mit gut bemehlten Händen den Teig zu einem 2 cm hohen Rechteck (20 x 10 cm) abflachen. Mit einem Teigschaber oder Küchenmesser 2 Schnitte in gleichen Abständen über die Breite, 3 über die Länge einschneiden, sodass 12 rechteckige Kekse entstehen.

4. Kekse in einem Abstand von mindesten 2,5 cm auf das vorbe-reitete Backblech legen. Etwa 15 Minuten goldbraun backen. Warm servieren.

Rezeptanmerkung

Obwohl klein, sind Chiasamen ernährungstechnisch ein Hammer. Mit einer Fülle an Mikronährstoffen – darunter Kalzium, Phosphaten und Magnesium – plus Antioxidantien, Ballaststoffen und Proteinen sind sie geschmacklos – man kann sie vielen Speisen, von Salaten bis Desserts, zufügen.

GEBACKENE HAFERFLOCKEN
MIT KÜRBIS UND LEINSAMEN

Haferflocken sind ein Frühstücksklassiker voller Nährstoffe, die pro Schüssel nur wenig kosten. Bei dieser einfachen Zubereitung fügt man gesundes Gemüse in Form von Kürbispüree und Leinsamen zu, die die Mischung eindicken und Omega-3-Fette liefern. Reste schneidet man auf und serviert sie aufgewärmt mit einem Löffel Pflanzen-Joghurt.

225 g Kürbis- oder Winterkürbispüree

155 g Ahornsirup

1½ TL gemahlener Zimt

½ TL gemahlener Piment

½ TL gemahlene Nelken

¼ TL gemahlene Muskatnuss

130 g Haferflocken

475 ml ungesüßter Milchersatz

240 ml warmes Wasser

24 g Leinsamenschrot

1 TL Vanilleextrakt

Meersalz

90 g Rosinen, Cranberrys oder andere Trockenfrüchte

ERGIBT 5 PORTIONEN

1. Den Backofen auf 200 °C vorheizen. Einen Bräter (2 l) mit Deckel vorbereiten.

2. In einer mittleren Schüssel Kürbis, Ahornsirup, Zimt, Piment, Nelken und Muskatnuss vermengen und beiseitestellen.

3. In einer großen Pfanne Haferflocken bei mittlerer bis hoher Hitze etwa 3 Minuten rösten, dabei schwenken, bis sie duften. In den Bräter geben und zudecken.

4. In derselben Pfanne die Kürbismischung unter häufigem Rühren etwa 5 Minuten erhitzen. Milchersatz, warmes Wasser, Leinsamenschrot, Vanille und ½ TL Salz einrühren und zum Kochen bringen. Über die Haferflocken im Bräter gießen, umrühren und mit Rosinen bestreuen.

5. Zudecken und etwa 30 Minuten backen, bis die Haferflocken eindicken und an den Rändern Blasen werfen. Gut umrühren und vor dem Servieren in Schüsseln 5 Minuten stehen lassen. Luftdicht verschlossen kann man die Haferflocken bis zu 4 Tage im Kühlschrank aufbewahren.

ÜBER JANES REISE ZUR PFLANZENBASIS

Der Entschluss, fleischlos zu werden, beruhte bei Jane auf Tausenden sowohl persönlichen als auch sachlichen Gründen. In Bournemouth, England, geboren und aufgewachsen, liebte Jane immer schon Tiere und hielt Kindheitserinnerungen an Ferien auf einem Bauernhof außerhalb von London in Ehren. Als kleines Kind nahm sie Würmer mit ins Bett, bevor ihre Mutter zu ihrem großen Bedauern ihr erklärte, dass das deren Tod bedeuten würde. Von diesem Zeitpunkt an und als junge Erwachsene versuchte Jane, sich unter Tieren aufzuhalten und sie zu verstehen sowie Bücher über sie zu schreiben. Sie schlich sich sogar in einen Hühnerstall, um dort stundenlang zu beobachten, wie eine Henne Eier legt, was ihre Mutter beinahe dazu veranlasste, die Polizei zu rufen. In den 1960er- und 1970er- Jahren veränderten Janes bahnbrechende Forschungen über wilde Schimpansen für immer die Betrachtungsweise von Tieren. In den 1970ern erfuhr sie zum ersten Mal von den Schrecken der Massentierhaltung durch Peter Singers wegweisendes Buch *Die Befreiung der Tiere.*

„Ich kann mich noch an das Gefühl erinnern, als ich Singers Buch zuklappte. Ich dachte an die köstlichen Schweinekoteletts, die ich so liebte, den himmlischen Geruch morgens von gebratenem Speck; an Brat- und Backhähnchen, Hähncheneintopf und Hühnersuppen, die ich während meines ganzen Leben genossen hatte. Mein Kopf fühlte sich dumpf an. Ich wusste, ich würde immer an die Bilder denken, die die gerade gelesene Seiten in meinem Kopf entstehen ließen. Sobald ich von da an Fleisch auf meinem Teller sah, dachte ich an Schmerz-Angst-Tod. Wie schrecklich!

Und es war ganz klar. Ich würde nie wieder Fleisch essen." [1]

---

[1] Goodall, McAvoy, and Hudson, *Harvest for Hope*, 138–139.
[2] IPCC, [P.R. Shukla, et al]. *Summary for Policymakers.*

Neben Tierliebe und Abscheu für Massentierhaltung basierte Janes Entschluss auf den Auswirkungen auf Mensch und Umwelt. Dazu kommen noch Ressourcen und Arbeitskraft für Transport, Schlachtung, Verarbeitung und Verteilung der Tiere auf die Teller der Verbraucher. *Fleisch ist weder eine humane, noch effiziente Art der Ernährung.*[2]

SUPPEN

„Unser Wunsch nach Nahrung ohne chemische Zusatz-
stoffe, nach einem System der Landwirtschaft, das im
Einklang mit der Umwelt ist, das Bauern unterstützt und
nachhaltige Ernten in den Entwicklungsstaaten einbringt,
ist nicht mehr wegzudenken." —Jane

KALTES PIKANTES GURKEN-GAZPACHO

Wenn die Bauernmärkte voll mit sommerlichen Genüssen sind, kaufen Sie ein paar saftige Gurken für diese erfrischende kalte Suppe. Das leichte, luftige Gemüse wird mit gesundem, extra nativem Olivenöl vermengt, sodass eine cremige Konsistenz entsteht. Mit Gurken bleibt man auf gesunde Weise hydriert und sie enthalten den wichtigen Mineralstoff Potassium, der das Sinken des Blutdrucks unterstützt.

700 g Gurken, geschält, entkernt und grob gehackt

180 ml extra natives Olivenöl, plus 1 EL, plus mehr zum Beträufeln

120 ml Eiswasser

1 kleine Knoblauchzehe

60 ml Weißweinessig, plus 2 TL

1 EL Zitronensaft

Meersalz

1 kleine Schalotte, klein gewürfelt

1 kleine Jalapeño-Chilischote, entkernt und fein gehackt

1 EL frisches Basilikum, fein gehackt

ERGIBT 4 PORTIONEN

1. In einem Mixer 500 g Gurken, 180 ml Olivenöl, Eiswasser, Knoblauch, 60 ml Essig und Zitronensaft pürieren. In eine Servierschüssel leeren und nach Geschmack mit Salz würzen. Zudecken und mindestens 1 Stunde oder besser über Nacht kalt stellen.

2. In einer kleinen Schüssel die gehackte Schalotte, die restlichen 2 TL Essig und eine Prise Salz vermengen. 10 Minuten stehen lassen. Danach die restlichen 200 g Gurke, gehackten und entkernten Jalapeño, Basilikum und den restlichen EL Öl unterrühren. Mit Salz würzen.

3. Die Suppe in gekühlte Schalen schöpfen. Mit der Jalapeño-Mischung bestreuen und mit Olivenöl beträufeln. Sofort servieren.

MINESTRONE AUS SOMMERGEMÜSE

In Hochsommer sind lokal geerntete Produkte am frischesten und nahrhaftesten und würzen sich praktisch selbst. Man muss nur mehr die lebhaften Geschmäcker mit einer leichten Suppe wie dieser hervorheben. Bereitet man die Suppe im Vorhinein zu, lässt man die Pasta weg, sie würde die Brühe aufsaugen und matschig werden. Pasta erst kurz vor dem Servieren kochen, gleichmäßig auf Schalen verteilen und mit der aufgewärmten Suppe begießen.

2 EL extra natives Olivenöl

1 große gelbe Zwiebel, gehackt

2 große Karotten, in Scheiben geschnitten

2 Knoblauchzehen, gehackt

1 TL getrocknetes Basilikum

1 TL getrockneter Oregano

½ TL Fenchelsamen,

950 ml Gemüsebrühe

4 große Tomaten, gehackt, mit Saft

1 Dose Kichererbsen (425 g), abgegossen und abgespült

1 Dose Kidney-Bohnen (425 g), abgegossen und abgespült

1 Zucchini, längs geviertelt und in Scheiben geschnitten

Meersalz und frisch gemahlener Pfeffer

1 Kopf Grünkohl, Rippen ausgeschnitten und dünn geschnitten, Blätter gehackt

20 g frische glatte Petersilie, gehackt

100 g Rollgerste (optional)

ERGIBT 6 PORTIONEN

1. In einem großen Topf Öl bei mittlerer bis hoher Hitze erwärmen. Zwiebel und Karotten zugeben und unter gelegentlichem Rühren ca. 5 Minuten weich dünsten. Knoblauch, Basilikum, Oregano, Fenchelsamen, Brühe, Tomaten und ihren Saft, Kichererbsen, Kidney-Bohnen, Zucchini und je ½ TL Salz und Pfeffer zugeben. Zudecken, zum Kochen bringen, dann die Hitze reduzieren und das Gemüse etwa 10 Minuten weich kochen. Vom Herd nehmen, Grünkohl und Petersilie einrühren und ca. 2 Minuten stehen lassen, bis der Grünkohl zusammenfällt.

2. Falls Rollgerste verwendet wird, für diese in der Zwischenzeit gesalzenes Wasser in einem Topf zum Kochen bringen. Rollgerste zugeben und nach Packungsanleitung bissfest kochen. Gut abtropfen lassen und in die fertige Suppe einrühren.

3. Die Suppe in zwei Schalen füllen und sofort servieren.

CREMIGE SPARGELSUPPE MIT KNUSPRIGER MANDELGARNITUR

Feiern Sie die Spargelsaison mit dieser cremigen Suppe. Spargel ist eine mehrjährige Pflanze, man vergeudet also keine Energie im Frühling mit dem Anpflanzen, man erntet nur, sobald die Spitzen herauskommen. Hier wird Hirse zum Eindicken verwendet, ein Vollkorn, das gut bei trockenen Bedingungen gedeiht, resistent gegen Pestizide und Krankheiten ist und als Antwort auf die Klimakrise in Afrika, Asien und im Westen der USA angebaut wird.

450 g Spargel

1 TL extra natives Olivenöl

115 g gelbe Zwiebel, gehackt

30 g Hirse

350 ml Gemüsebrühe

60 g Rucola

Meersalz und frisch gemahlener Pfeffer

350 ml ungesüßter Milchersatz

20 g frische, glatte Petersilie, gehackt

20 g geschälte Mandeln, geröstet

ERGIBT 4 PORTIONEN

1. Die holzigen Enden vom Spargel abschneiden und entfernen. Auch die Spitzen abschneiden und beiseitestellen, die restlichen Stangen in kleine Stücke schneiden. In einem großen Topf Öl bei mittlerer Hitze erwärmen, Zwiebel zugeben und unter gelegentlichem Rühren ca. 5 Minuten dünsten. Spargelstücke (nicht die Spitzen), Hirse und Brühe zugeben. Bei hoher Hitze zum Kochen bringen, Hitze reduzieren und ca. 25 Minuten köcheln lassen, bis die Hirse ganz weich ist.

2. In der Zwischenzeit die Spargelspitzen in einem Dampfeinsatz ca. 2 Minuten dünsten, bis sie zart sind. Beiseitestellen.

3. Die Hirse-Spargel-Mischung in einen Standmixer geben. Rucola zugeben und nochmals mixen. Die Masse an den Seiten des Mixers nach unten schaben und je ½ TL Salz und Pfeffer zufügen. Bei laufendem Mixer den Milchersatz durch den Deckel zugießen und gut vermengen. Die Suppe zurück in den Topf geben und eventuell leicht erwärmen.

4. Die Suppe in Schalen füllen und mit Spargelspitzen, Petersilie und 1 EL Mandeln garnieren. Sofort servieren.

MAISSUPPE MIT BASILIKUM

Maiskolben gekocht oder gegrillt und mit Butter bestrichen sind im Sommer eine Freude. Sie schmecken auch in dieser cremigen Suppe, bei der man die versteckten Aromen und Nährstoffe aus Kolben und Blättern herauskitzelt, indem man zuerst eine einfache Brühe herstellt. Sobald das Suppengemüse leergekocht ist, kann man es in der Biotonne entsorgen.

FÜR DEN FOND

2 Maiskolben mit Blättern

2 große Karotten

1 Zucchini

2 große gelbe Zwiebeln

1 Bund frische, glatte Petersilie

170 g Cherry-Tomaten, halbiert

2 Knoblauchzehen, halbiert

½ TL schwarze Pfefferkörner

Meersalz

2 Lorbeerblätter

FÜR DIE SUPPE

1 EL Avocadoöl

180 g gekochte Kichererbsen, plus 180 ml Kochflüssigkeit

1 große Pflaumentomate, gehackt

20 g frisches Basilikum, gehackt

Meersalz und frisch gemahlener Pfeffer

ERGIBT 6 PORTIONEN

1. Für den Fond einen großen Topf mit 1,5 l Wasser bei mittlerer Hitze auf den Herd stellen. Kolben schälen und Blätter in den Topf geben. Körner von den Kolben schneiden und beiseitestellen, die Kolben ins Wasser geben. Karotten schälen, Schalen und Abschnitte in den Topf geben, gehackte Karotten beiseitestellen. Zucchini-Abschnitte ebenfalls in den Topf geben und die in Scheiben geschnittenen Zucchini beiseitestellen. Eine Zwiebel mit der Schale in dicke Scheiben schneiden und in den Topf geben. Die zweite Zwiebel schälen, hacken und beiseitestellen, die Schalen in den Topf geben. Petersilienblätter von den Stängeln schneiden, diese in den Topf geben, Blätter beiseitegeben. Cherrytomaten, Knoblauch, Pfefferkörner, ½ TL Salz und Lorbeerblätter in den Topf geben.

2. Alles bei großer Hitze zum Kochen bringen, dann die Hitze reduzieren, zudecken und 45 Minuten bei niederer Hitze ziehen lassen; der Fond darf nicht kochen, sonst wird er bitter. Fond abseihen und die Flüssigkeit beiseitestellen.

3. Während der Fond zieht, die Suppe vorbereiten. In einem Topf Öl bei mittlerer bis hoher Hitze erwärmen, gehackte Zwiebeln und Karotten zugeben und rösten, dabei die Hitze reduzieren, sobald das Gemüse brutzelt. Gelegentlich umrühren, bis die Zwiebeln nach etwa 10 Minuten goldbraun und die Karotten weich sind.

4. Wenn der Fond fertig ist, den leeren Topf auf den Herd stellen. Die gerösteten Zwiebeln und Karotten, Zucchini, Kichererbsen mit Kochflüssigkeit und die Tomate zugeben. Zum Kochen bringen, dann die Hitze reduzieren. Etwa 10 Minuten köcheln lassen, bis das Gemüse zart und weich ist.

5. Petersilienblätter hacken und mit dem Basilikum in den Topf geben. Die Suppe mit Salz und Pfeffer würzen, in Schalen füllen und sofort servieren.

CREMIGE KAROTTENSUPPE MIT KAROTTENGRÜN-GREMOLATA

Werfen Sie das Karottengrün nicht weg! Es Hat ein pfeffriges, petersilienartiges Aroma und eignet sich perfekt für eine pikante Würzmischung. Süße, erdige Karotten gehören zu den gesündesten Gemüsesorten und ergeben eine äußerst nachhaltige Ernte. Die Suppe wird mit Hirse eingedickt, einem glutenfreien Vollkorn, das Ballast- und Mineralstoffe liefert.

450 g Karotten, geschält und in Scheiben geschnitten

1 kleine gelbe Zwiebel, grob gehackt

3 große Knoblauchzehen

3 EL Hirse oder weißer Reis

240 ml ungesüßter Milchersatz

1 TL getrockneter Thymian

Meersalz und frisch gemahlener Pfeffer

FÜR DIE GREMOLATA

30 g Karottengrün oder 3 Zweige frische, glatte Petersilie

1 Knoblauchzehe

1 EL Abrieb von einer Bio-Zitrone

Meersalz

extra natives Olivenöl

ERGIBT 4 PORTIONEN

1. In einem großen Topf Karotten, Zwiebel, Knoblauch, Hirse und 475 ml Wasser bei hoher Hitze zum Kochen bringen, dann auf mittlere Hitze reduzieren, Topf zudecken und ca. 30 Minuten köcheln lassen, bis Gemüse und Hirse weich sind.

2. Die Karottenmischung in einen Standmixer geben und mit einem Deckel sichern. Den Deckel mit einem Küchentuch niederdrücken und das Gemüse pürieren. Milchersatz, Thymian, ½ TL Salz und ¼ TL Pfeffer zugeben und nochmals mixen. Die Suppe in einen mittleren Topf geben und bei mittlerer bis niederer Hitze kurz erwärmen.

3. Für die Gremolata mit einem Küchenmesser Karottengrün und Knoblauch fein hacken. In eine kleine Schüssel geben, Zitronenabrieb, ¼ TL Salz und einen Spritzer Öl zugeben und verrühren.

4. Die Suppe in Schalen füllen und jeweils mit 1 EL Gremolata garnieren. Sofort servieren.

THAILÄNDISCHE MAIS-TOFU-SUPPE MIT KORIANDER

Mit cremig exotischer Intensität ist Kokosmilch die Geheimwaffe der pflanzenbasierten Küche. Auf ökologischen Farmen leicht zu ernten, brauchen Kokosnüsse wenig Wasser oder Pflege und passen gut zu Tofu, dem sie thailändische Aromen verleihen, lässt man ihn in der süß-salzigen Brühe köcheln. Für ein gehaltvolleres Essen serviert man gekochten braunen Reis dazu.

1 Dose Kokosmilch (400 ml)

475 ml Gemüsebrühe

2,5 cm frischer Ingwer, geschält und in Scheiben geschnitten

Limettenschale von 1 großen Bio-Limette, in breiten Streifen

1 EL grüne Thaipaste, plus mehr nach Geschmack

1 EL Tamari, plus mehr nach Geschmack

1 TL Bio-Rohrzucker

Meersalz

2 große rote Chilischoten (wie roter Fresno-Chili), entkernt und gehackt

2 Maiskolben, ohne Blätter, Körner abgestreift

1 große Karotte, längs geviertelt und in dünne Scheiben geschnitten

340 g extra fester Tofu, abgegossen und in Würfel geschnitten

2 EL Limettensaft

20 g frischer Koriander, gehackt, plus 4 Zweige

ERGIBT 4 PORTIONEN

1. In einem großen Topf Kokosmilch, Brühe, Ingwer, Curry-Paste, Limettenzeste, Tamari, Zucker und ½ TL Salz verrühren. Zum Kochen bringen, auf niedere Hitze reduzieren und ca. 10 Minuten köcheln lassen, sodass sich die Aromen gut mischen. Chilischoten, Maiskörner, Karotte und Tofu zugeben und die Karotte ca. 10 Minuten weich köcheln lassen. Limettensaft einrühren und, wenn gewünscht, mehr Curry-Paste, Tamaro oder Salz zufügen. Vor dem Servieren Ingwerscheiben und Zesten entfernen, außer man serviert die Suppe erst am nächsten Tag, dann über Nacht ziehen lassen.

2. Die Suppe in Schalen füllen, mit gehacktem Koriander bestreuen und jeweils mit einem Korianderzweig garnieren. Sofort servieren.

BUTTERNUSS-KÜRBISSUPPE MIT KOKOS-CURRY

Süß und pikant duftend, macht die Suppe das Beste aus dem Herbstkürbis und das leuchtend orange Fruchtfleisch verleiht dem Immunsystem einen ordentlichen Beta-Karotin-Schub. Kokosmilch sorgt für cremige Reichhaltigkeit ohne Milchprodukte und bringt den exotischen Anstrich. Nach Wunsch kann man mit violetten Thai-Basilikumblättern und -blüten garnieren.

1 großer Butternuss-Kürbis
(ca. 1,8 kg)

1½ EL Olivenöl

4 große Schalotten (ca. 90 g), in
dünne Scheiben geschnitten

1 EL frischer Ingwer, geschält und
gerieben

1 Knoblauchzehe, fein gehackt

700 ml Gemüsebrühe

Meersalz

1 TL rote Thai-Curry-Paste

180 ml Kokosmilch

2 TL Limettensaft

ERGIBT 4 PORTIONEN

1. Mit einem scharfen, schweren Messer den Strunk abschneiden und den Kürbis längs halbieren. Kerne entfernen. Jede Hälfte schälen und in 2,5 cm große Würfel schneiden.

2. In einem großen Topf Öl bei mittlerer Hitze erwärmen. Schalotten darin unter gelegentlichem Rühren 2–3 Minuten glasig dünsten. Ingwer und Knoblauch zugeben und ca. 1 Minute braten, bis sie duften, aber nicht gebräunt sind. Kürbis, Brühe und ½ TL Salz zugeben. Bei hoher Hitze zum Kochen bringen, Hitze reduzieren und ca. 20 Minuten köcheln lassen, bis der Kürbis weich ist, wenn man ihn mit einer Gabel ansticht. Vom Herd nehmen und leicht auskühlen lassen.

3. In einer kleinen Schüssel Curry-Paste und Kokosmilch gut verquirlen. In einem Mixer oder einer Küchenmaschine, wenn nötig portionsweise, pürieren. Wieder in den Topf gießen und die Curry-Kokosmilch-Mischung einrühren. Die Suppe bei mittlerer Hitze vorsichtig erwärmen. Nach Geschmack mit Limettensaft und Salz würzen.

4. Die Suppe in Schalen füllen und sofort servieren.

PILZ-GERSTEN-SUPPE
MIT THYMIAN

Dank der weit verbreiteten Pilzzucht finden Sie wahrscheinliche einen Züchter in Ihrer Nähe und reduzieren so den CO_2-Fußabdruck Ihres Einkaufs. Die meisten Bauern züchten die Pilze auf sterilisierten Resten, dabei verwenden sie ausgelaugtes Getreide aus Brauereien, Stroh aus der Tierhaltung, Mandelschalen, Maiskolben, Sägespäne und anderes biologisches Material. Das Rezept enthält auch Gerste, ein Grundnahrungsmittel seit der Römerzeit. Das nachhaltige Korn wächst leicht auf armen Böden, sogar in großen Höhen.

60 g getrocknete Pilze (jeder Art)

2 Lorbeerblätter

1 Zweig frischer Thymian,
plus 1 EL Thymianblätter

1 TL schwarze Pfefferkörner

1 große gelbe Zwiebel

1 Stange Sellerie

1 große Karotte

2 Knoblauchzehen

2 EL Olivenöl

100 g Rollgerste

120 ml Sherry

80 ml Tamari

Meersalz

450 g weiße oder braune Champignons, in Scheiben geschnitten

frisch gemahlener Pfeffer

ERGIBT 8 PORTIONEN

1. In einem großen Topf ca. 2,5 l Wasser, getrocknete Pilze, Lorbeerblätter, Thymianzweig und Pfefferkörner bei hoher Hitze erwärmen. Währenddessen Zwiebel und Sellerie hacken, Karotte schälen und hacken; Abschnitte und Schalen ebenfalls in den Topf geben; gehacktes Gemüse beiseitestellen. Knoblauch schälen, klein hacken, beiseitestellen und Schalen ebenfalls in den Topf geben. Sobald das Wasser kocht, auf niedere Hitze reduzieren, sodass die Brühe nicht mehr kocht, denn sie würde sonst bitter werden. Zudecken und 40 Minuten köcheln lassen. Die Brühe durch ein Sieb abseihen und wieder zurück in den Topf gießen. Eventuell Wasser nachgießen, sodass man knapp 2 l Brühe erhält.

2. In einem anderen großen Topf Öl bei mittlerer Hitze erwärmen. Gehackte Zwiebel, Sellerie, Karotte, Knoblauch und Thymianblätter zugeben und ca. 10 Minuten unter gelegentlichem Rühren weich kochen. Gerste, Brühe, Sherry, Tamari und ½ TL Salz zugeben. Bei hoher Hitze zum Kochen bringen, dann die Hitze reduzieren, zudecken und ca. 25 Minuten köcheln lassen, bis die Gerste weich ist. Pilze zugeben und weitere 4–5 Minuten weich kochen. Nach Geschmack mit Salz und Pfeffer würzen.

3. Die Suppe in Schalen füllen und sofort servieren.

SCHWARZE BOHNEN-BUTTERNUSS-CHILI MIT MASA-KLÖSSEN

Statt Chili mit Maisbrot oder Tortilla-Chips zu essen, lassen Sie Masa-Klöße direkt im Eintopf köcheln. Masa ist eine Art Maismehl, das der Nixtamalisation unterzogen wurde, einer alten Behandlung, die durch Limetten das Korn aufweicht, somit Kalzium zufügt und so andere Nährstoffe leichter absorbierbar macht. Winterkürbis in Würfeln und rote Paprikaschoten bringen Farbe und Gemüsegenuss. Das Rezept verlangt Bohnen in Dosen, aber wenn Sie es vorziehen, kochen Sie 100 g zuvor eingeweichte schwarze Bohnen.

1 EL extra natives Olivenöl

210 g gelbe Zwiebel, fein gehackt

1 rote Paprikaschote, entkernt und fein gehackt

1 EL Knoblauch, fein gehackt

1 EL Chilipulver

1 TL gemahlener Kreuzkümmel

⅛ TL gemahlene Nelken

475 ml Gemüsebrühe

1 Dose Tomaten (425 g), gewürfelt

225 g Butternuss-Kürbis, in 12 mm große Würfel geschnitten

1 Lorbeerblatt

Masa-Teig für Klöße (Seite 160)

1 Dose schwarze Bohnen (425 g), abgegossen und abgespült

Meersalz und frisch gemahlener Pfeffer

ERGIBT 4 PORTIONEN

1. In einem großen Topf bei mittlerer Hitze Öl erwärmen. Zwiebel und Paprikaschoten zugeben und unter gelegentlichem Rühren ca. 5 Minuten glasig rösten. Knoblauch, Chilipulver, Kreuzkümmel und Nelken zugeben und ca. 1 Minute braten, bis sie duften. Brühe, Tomaten, Kürbis und Lorbeerblatt zugeben und zum Köcheln bringen. Hitze etwas reduzieren, zudecken und den Kürbis ca. 15 Minuten weich kochen.

2. In der Zwischenzeit den Teig für die Masa-Klöße zubereiten und daraus 2,5 cm große Klöße formen.

3. Die Bohnen zum Chili geben und nach Geschmack mit Salz und Pfeffer würzen. Die Klöße in die Sauce geben und nachdrücken, bis sie zur Hälfte eingetaucht sind. Zudecken und ca. 8 Minuten kochen, bis die Klöße gar und flaumig sind. Zum Überprüfen einen Kloß aus der Sauce nehmen und halbieren. Er sollte in der Mitte trocken und flaumig sein. Wenn nicht, zudecken und noch einige Minuten länger kochen.

4. Das Chili in tiefe Schalen füllen und sofort servieren.

LINSEN-MISO-SUPPE MIT SPINAT

Leicht zu bekommen und billig, sind Linsen Freunde jedes Vegetariers – sie liefern in wohligen Suppen wie dieser Eiweiß, Ballast- und Mineralstoffe. Statt durch Fleischfond erhält die Suppe Umami und Tiefe durch die Verwendung von Miso, einer alten japanischen Würze aus fermentierten Sojabohnen oder manchmal auch anderen Bohnen und Körnern.

200 g getrocknete grüne Linsen, verlesen und abgespült

1 Stange Sellerie, gehackt

1 große Karotte, gehackt

170 g Kohl, gehackt

2 EL frischer Ingwer, geschält und gehackt

½ TL rote Chiliflocken

60 g rotes oder weißes Miso

120 g Babyspinat, gehackt

ERGIBT 4 PORTIONEN

1. In einem großen Topf die Linsen mit ca. 1,5 l Wasser bei mittlerer bis hoher Hitze auf den Herd stellen. Wenn das Wasser kocht, Sellerie, Karotte, Kohl, Ingwer und rote Chiliflocken zugeben. Sobald es wieder kocht, zudecken, die Hitze reduzieren und unter gelegentlichem Rühren etwa 1 Stunde kochen, bis die Linsen weich sind und beginnen zu zerfallen. Deckel abnehmen und etwas Wasser zugeben, falls die Suppe zu dick ist.

2. In einer kleinen Schüssel Miso mit ca. 60 ml Wasser zu einer weichen Paste verrühren. Die Misomischung in die Linsen rühren, Spinat zugeben und 3–5 Minuten rühren, bis die Suppe durchgewärmt und der Spinat zusammengefallen ist.

3. Die Suppe in Schalen füllen und sofort servieren.

BOHNEN-GRÜNKOHL-SUPPE
NACH TOSKANISCHER ART

Die rustikale Suppe enthält gesunde Zutaten. Trockenbohnen sind ein Eckstein nachhaltiger Ernährung – mit hochwertigem Eiweiß und leicht anbaubar. Einmal getrocknet, brauchen sie weder Kühlung noch eine besondere Verpackung. Noch besser schmeckt die Suppe, wenn man sie einen Tag im Voraus macht. Mit Resten verfahren Sie wie die Italiener und gießen am zweiten Tag die aufgewärmte Suppe in Schalen über eine dicke Scheibe altes Vollkornbrot.

200 g getrocknete Borlotti-Bohnen oder andere kleine Bohnen

225 g Palmkohl (Schwarzkohl)

2 EL Olivenöl

1 große gelbe Zwiebel, gehackt

1 große Karotte, geschält und gehackt

1 Stange Sellerie, dünn geschnitten

2 Knoblauchzehen, fein gehackt

1 Dose geschälte Tomaten (800 g)

1 Lorbeerblatt

rote Chiliflocken

Meersalz und frisch gemahlener Pfeffer

ERGIBT 8 PORTIONEN

1. Die Bohnen auf Steine oder missratene Exemplare überprüfen. Unter kaltem Wasser gründlich abspülen, abtropfen lassen, in eine Schüssel geben und mit frischem Wasser 7,5–10 cm hoch bedecken. Mindestens 4 Stunden, besser über Nacht einweichen.

2. Die Bohnen abgießen, in einen großen Topf geben und großzügig mit Wasser bedecken. Bei hoher Hitze zum Kochen bringen, auf niedere Hitze reduzieren, teilweise zugedeckt 1–1½ Stunden, je nach Frische, köcheln lassen. Die Bohnen abgießen, dabei das Kochwasser in einem anderen Topf oder einer hitzebeständigen Schüssel auffangen. Beides separat beiseitestellen.

3. Den Strunk und die Rippen von den Grünkohlblättern schneiden und entfernen. Die Blätter auf einen Stoß legen, der Länge nach einrollen und quer in etwa 12 mm breite Streifen schneiden.

   In einem Topf Öl bei mittlerer bis hoher Hitze erwärmen.

4. Zwiebel, Karotte, Grünkohl und Sellerie zugeben und 5–7 Minuten braten. Knoblauch darin ca. 1 Minute braten, bis er duftet. Die Tomaten in eine Schüssel geben, mit den Fingern zerteilen und mitsamt dem Saft in das Gemüse einrühren.

5. Kochflüssigkeit abmessen und wenn nötig mit Wasser auf etwa 1 l auffüllen, dann mit den Bohnen in den Topf geben, Lorbeerblatt und eine Prise rote Chiliflocken zugeben. Bei mittlerer bis hoher Hitze zum Kochen bringen, die Hitze reduzieren, zudecken und ca. 10 Minuten köcheln, bis die Bohnen durchgewärmt sind. Nach Geschmack mit Salz und Pfeffer würzen.

6. Die Suppe in Schalen füllen und sofort servieren.

KNOLLENSELLERIE-BISQUE

Die seidige Suppe ist cremig ohne einen Tropfen Milchprodukte, denn die Stärke im Wurzelgemüse dickt sie ein und verleiht ihr die traumhafte Konsistenz. Wurzelgemüse ist kalorienarm und dank der modernen Lagertechniken behält die Herbsternte die Nährstoffe den ganzen Winter über. Servieren Sie die Suppe mit warmem Vollkornbrot zum Auftunken.

1 EL extra natives Olivenöl

210 g gelbe Zwiebel, 1 fein gehackt

1 Pastinake, geschält und in 12 mm große Stücke geschnitten

1 Stange Sellerie, dünn geschnitten

2 TL Knoblauch, fein gehackt

700 ml Gemüsebrühe

1 Knollensellerie (ca. 400 g), geschält und in 12 mm große Stücke geschnitten

1 große Kartoffel, (ca. 225 g), geschält und in 12 mm große Stücke geschnitten

1 TL getrocknetes Bohnenkraut oder Thymian

¼ TL gemahlene Muskatnuss

Meersalz und frisch gemahlener Pfeffer

1 EL frischer Schnittlauch, fein gehackt (optional)

ERGIBT 4 PORTIONEN

1. In einem großen Topf Öl bei mittlerer Hitze erwärmen. Zwiebel, Pastinake und Selleriestange zugeben und unter gelegentlichem Rühren ca. 5 Minuten glasig rösten. Knoblauch darin weitere 30 Sekunden rösten. Brühe, Kartoffel, Knollensellerie, Bohnenkraut und ca. 475 ml Wasser zugeben. Bei mittlerer bis hoher Hitze zum Kochen bringen, auf niedere Hitze reduzieren, zudecken und ca. 25 Minuten köcheln lassen, bis das Gemüse zerfällt, wenn man es gegen die Topfwand drückt.

2. Mit einem Stabmixer die Suppe fein pürieren. (Alternativ die Suppe in einem Standmixer portionsweise pürieren, dabei den Deckel mit einem Küchentuch festhalten, danach Suppe wieder in den Topf gießen.) Bei niederer Hitze Muskatnuss einrühren und nach Geschmack mit Salz und Pfeffer würzen.

3. Die Suppe in Schalen füllen. Eventuell mit Schnittlauch garnieren und sofort servieren.

Rezeptanmerkung

Suchen Sie nach Sellerieknollen ohne Stängel, Blätter und weiche Stellen. Verwenden Sie zum Schälen einen scharfen Gemüseschäler und verwenden Sie dann ein Pariermesser, um Mulden auszuschneiden, wo sich Schmutz gesammelt haben könnte.

TOFU-KIMCHI-SUPPE

Koreanisches Essen ist für fermentiertes Gemüse bekannt, insbesondere für Kimchi, eine einfache Mischung aus Kohl, Chilipaste und Karotten, die jedes Gericht mit ihren mächtig scharfen Aromen verändert. Diese Suppe enthält neben Chinakohl weichen Tofu und Zucchini. Wenn gewünscht, kann man die Schärfe durch mildes Kimchi und weniger Chilipaste mildern.

1 EL Avocadoöl, Kokosfett oder Erdnussöl

½ gelbe Zwiebel, dünn geschnitten

120 g Chinakohl-Kimchi, grob gehackt, plus 120 ml Kimchi-Saft

2 TL Knoblauch, fein gehackt

2 TL frischer Ingwer, geschält und fein gehackt

475 ml Gemüsebrühe

60 ml Mirin

1 kleine Zucchini, längs halbiert und in 6 mm große Stücke geschnitten

1–2 EL Gochujang oder Sambal Oelek (optional)

1 TL Bio-Rohrzucker

225 g weicher Tofu

1–2 EL Sojasauce oder Tamari

1 TL geröstetes Sesamöl

3 EL Frühlingszwiebel, weiße und grüne Teile, dünn geschnitten

ERGIBT 4 PORTIONEN

1. In einem großen Topf Avocadoöl bei mittlerer Hitze erwärmen. Zwiebel darin unter gelegentlichem Rühren ca. 4 Minuten leicht bräunen. Gehacktes Kimchi und Ingwer zugeben und unter gelegentlichem Rühren 2 Minuten braten, bis es duftet.

2. Brühe, zur Seite gestellten Kimchisaft, Mirin, Zucchini, Gochujang (nach Geschmack), Zucker und ca. 475 ml Wasser zugeben und zum Köcheln bringen. Zudecken und die Zucchini ca. 10 Minuten weich kochen. Tofu in 2,5 cm große Stücke brechen und vorsichtig in die Suppe einrühren. Ca. 5 Minuten alles gut durchwärmen.

3. Die Suppe kosten – sie sollte vom Kimchi pikant, süß und etwas sauer schmecken. Nach Geschmack mit Sojasauce oder mehr Gochujang nachwürzen. Sesamöl einrühren.

4. Die Suppe in Schalen füllen. Mit Frühlingszwiebel bestreuen und sofort servieren.

Rezeptanmerkung

Gochujang ist eine scharf-süße Würze aus roten Chilischoten und fermentierten Bohnen. Die dicke Paste verwendet man in der koreanischen Küche als Beilage zu fast allem. Man findet sie in kleinen Dosen in Asia-Märkten oder online.

DIE MACHT VON WURZELN UND SPROSSEN

Das Programm zur globalen Stärkung der Jugend des Jane Goodall Institute, bekannt als Roots & Shoots, begann 1991. Zwölf Jugendliche aus Tansania trafen Jane Goodall, nachdem diese an ihrer Schule über örtliche Umweltprobleme gesprochen hatte. Sie fühlten sich hoffnungslos in Anbetracht des Fischens mit Dynamit – man tötet Fische mit ins Wasser geworfenen Sprengkörpern, um sie leichter zu fangen – und des Exports von lebenden Vögeln.

Angeregt vom Mitgefühl und der Energie sah Jane, dass die Lösung vor ihnen lag – ihre Fähigkeit zur Veränderung. Roots & Shoots wurde gegründet, um junge Leute zu inspirieren, ihre Fähigkeit, bedeutende Veränderungen in ihrer Gemeinschaft mit Projekten für Menschen, Tiere und die Umwelt vorzunehmen, zu verstehen. Das Schöne bei Roots & Shoots ist, dass die Jugendlichen das Modell ganzheitlich verstehen, so wie Jane, die die Massentierhaltung von allen Seiten betrachtete, um Lösungen auf Grundlagen der Gemeinschaft zu entwickeln. Projekte von Roots & Shoots reichen von wiederverwertbaren Taschen für Schulen bis zu von der Gemeinde organisierter Abfallbeseitigung. Andere fokussierten auf bessere Lebensqualität, darunter Bildungsungleichheiten in Wissenschaft, Technologie und Mathematik auszugleichen und Beziehungen zwischen älteren Menschen in Pflegeeinrichtungen und Jugendlichen zu fördern. Projekte beinhalteten auch, dass Kinder Tieren vorlasen, um die Alphabetisierung zu fördern; Bäume zu pflanzen, um Lebensräume für Tiere wieder aufzubauen; und Fundraising für durch Waldbrände vertriebene Tiere zu organisieren. Roots & Shoots ermutigt junge Aktivisten, *die Welt um sie herum zu betrachten und Projekte zu entwerfen; sie selbst sollen im Kleinen die Veränderung repräsentieren, die sie sich für die Gemeinschaft wünschen.*

Wie die Magie und Kraft der Samen bietet Roots & Shoots weltweit Möglichkeiten, ein Netzwerk an Leuten, die in Harmonie mit der Erde leben wollen, aufzubauen. Seit seiner Gründung erreicht es Hunderttausende von jungen Leuten in allen Ländern der Welt. Vor allem aber entwickeln junge Leute, von der Volksschule bis zur Universität und darüber hinaus, durch die Projekte von Roots & Shoots Anteilnahme – Empathie, kritisches Denken, Inspiration Gleichaltriger und mehr. Diese Eigenschaften werden ihnen dabei helfen, eine bessere Welt für alle zu schaffen.

Von den ursprünglichen zwölf Studenten diente einer als Umweltminister für Tansania, ein anderer wurde nationaler Direktor von Roots & Shoots in Tansania und mehrere andere verfolgten Karrieren in Journalismus und Bildung.

„Jedes Mal, wenn ich einem Publikum die Symbolkraft erkläre, die zur Namensgebung von ‚Roots & Shoots' führte, beschreibe ich die Magie, die Lebenskraft eines Samens, die so stark ist, dass winzige Wurzeln auf der Suche nach Wasser ihren Weg durch Felsen finden und dass winzige Sprossen auf der Suche nach Sonnenlicht durch Spalten im Mauerwerk wachsen. Und am Ende werden die Felsen und Mauern – Symbole des Schadens, den wir der Erde zufügten – weggeschoben und niedergerissen werden.

Die Kraft zeigt sich überall rund um uns – sogar mitten in der Stadt, Samen, die in Ritzen zwischen Pflastersteinen enden, werden versuchen, Wurzeln zu schlagen, die sich unsichtbar langsam unter dem Asphalt bewegen. So wie Roots & Shoots – die Macht der Jugend dieser Welt."[1]

Mehr Informationen zu Roots & Shoots finden Sie unter: rootsandshoots.org. Folgen Sie **@rootsandshoots.**

---

[1] Goodall and Hudson, *Seeds of Hope*, 118–119.

BEILAGEN & SALATE

„Es ist noch nicht zu spät, die Richtung zu ändern. Wir können wieder mit der Nahrung, die wir zu uns nehmen, in Verbindung treten, ihre Natur und Geschichte verstehen lernen und eine natürlichere Nahrungsaufnahme annehmen." —Jane

KOPFSALAT MIT WEISSEN BOHNEN, ERDBEEREN & SPARGEL

Erdbeeren und Spargel gehören zu den Freuden des Frühlings, der Zeit, in der sie am frischesten und geschmackvollsten sind. Hier werden die Spargel so arrangiert, dass sie die roten und pinken Beeren „einrahmen" und einen köstlichen Salat ergeben, der Begleitung sucht. Sowohl Spargel als auch Erdbeeren sind ausdauernde Pflanzen, die dem Bauern Energie und Ressourcen ersparen, da sie nicht jedes Jahr neu gepflanzt werden müssen.

FÜR DAS DRESSING

1 kleine Schalotte, geschält

4 kleine Erdbeeren, entstielt

2 EL Balsamico-Essig

½ TL Bio-Rohrzucker

Meersalz

60 ml extra natives Olivenöl

16 Stangen, Spargel, holzige Enden abgeschnitten

300 g gekochte weiße Bohnen, abgegossen

1 großer Kopf grüner Salat

450 g Erdbeeren, entstielt, halbiert oder geviertelt

ERGIBT 4 PORTIONEN

1. Für das Dressing in einer Küchenmaschine oder einem Mixer die Schalotte zerkleinern. 4 kleine Erdbeeren zugeben und pürieren. Essig, Zucker und ½ TL Salz und mixen. Bei laufender Maschine Öl zugießen und vermengen. Beiseitestellen.

2. Wasser in einem großen Topf zum Kochen bringen und 1 TL Salz zugeben. Spargel darin etwa 3 Minuten halbweich kochen. Abgießen, mit kaltem Wasser abspülen und bis zum Servieren kalt stellen. Weiße Bohnen in eine mittlere Schüssel geben und mit der Hälfte des Dressings beträufeln. Vorsichtig umrühren.

3. Zum Servieren je 4 Spargel am Rand von 4 Tellern arrangieren, in die Mitte der Teller einige Salatblätter legen. Bohnen auf den Salatblättern anrichten und die geviertelten Erdbeeren rundherum legen. Mit dem restlichen Dressing beträufeln und sofort servieren.

SOBA-NUDELSALAT MIT EDAMAME & WASABI-ERBSEN

Edamame sind Sojabohnen mit süßem, buttrigen Geschmack und werden eingelegt, solange sie noch unreif und grün sind. Für ein umweltfreundliches Gericht kaufen Sie Bio-Edamame, die vorzugsweise in Ihrer Nähe angebaut werden. Nudeln aus mineralstoffreichem, nachhaltig angebautem Buchweizenmehl sind die Basis für diesen Salat.

FÜR DAS MISO-DRESSING

60 ml Apfelessig

2 EL Olivenöl

2 EL weißes Miso

1 EL Honig oder Agavensirup

2 TL frischer Ingwer, geschält und gerieben

1 TL Wasabi-Paste

Meersalz

340 g ausgelöste TK-Edamame, aufgetaut

225 g Grüne-Tee-Nudeln oder gewöhnliche Soba-Nudeln

1 große, reife Avocado, entkernt, geschält und gewürfelt

15 g frische Korianderblätter

2 Frühlingszwiebeln, dünn geschnitten

70 g Wasabi-Erbsen

ERGIBT 4 PORTIONEN

1. Für das Miso-Dressing alle Zutaten außer Salz in ein Glas mit Schraubverschluss geben und gut schütteln. Nach Geschmack mit Salz würzen.

2. Wasser in einem Topf bei mittlerer bis hoher Hitze zum Kochen bringen, Edamame zugeben und ca. 2 Minuten kochen, bis sie zart sind. Mit einer Schaumkelle herausnehmen und unter kaltem Wasser abspülen. Im Kochwasser die Nudeln ca. 4 Minuten weich kochen. Abgießen.

3. Nudeln und Edamame in eine große Schüssel geben. Avocado, Koriander, Frühlingszwiebeln, die Hälfte der Wasabi-Erbsen und das Dressing zugeben und vorsichtig verrühren. Mit den restlichen Wasabi-Erbsen garnieren und sofort servieren.

Rezeptanmerkung

Dieses Rezept verwendet Wasabi-Paste aus der Tube, das milder ist als Pulver oder frisches Wasabi. Richten Sie den Salat erst kurz vor dem Servieren an, sodass die Wasabi-Erbsen knusprig bleiben.

SALAT MIT GEGRILLTEM KÜRBIS, ROLLGERSTE & PINIENKERNEN

Heizen Sie den Grill an für den Sommerkürbis, der rauchig und leicht angedörrt am besten schmeckt. Nehmen Sie die kleinsten Exemplare, die sie finden können, und wenn Sie Pattison-Kürbisse oder ungewöhnliche Arten von Zucchini finden, versuchen Sie diese – Sie werden begeistert sein. Ein Grillkorb kann für dieses Gericht nützlich sein, um zu verhindern, dass die Kürbisspalten ins Feuer fallen. Verwenden Sie am besten Vollkorn-Rollgerste.

1 kg gelber Kürbis und Zucchini

1½ EL Olivenöl

Meersalz und frisch gemahlener Pfeffer

250 g Rollgerste

70 g Pinienkerne

3 EL Zitronensaft

1 EL Champagner- oder Weißweinessig

3 EL frische Minze, gehackt

ERGIBT 4 PORTIONEN

1. Enden abschneiden und den Kürbis der Länge nach in 6 mm dicke Scheiben schneiden. In einer Schüssel mit ½ EL Öl, ½ TL Salz und frisch gemahlenen Pfeffer vermengen.

2. Holzkohlen- oder Gasgrill vorbereiten, um bei mittlerer bis hoher Hitze den Kürbis direkt darüber 5-8 Minuten zu grillen, dabei einmal umdrehen. Auskühlen lassen, in 4 cm große Stücke schneiden und in eine große Schüssel geben.

3. In einem Topf Salzwasser zum Kochen bringen. Rollgerste zugeben und nach Packungsanleitung bissfest kochen. Abgießen und unter fließendem kalten Wasser abspülen.

4. In der Zwischenzeit in einer Pfanne die Pinienkerne bei niederer bis mittlerer Hitze unter Rühren ca. 4 Minuten rösten, bis sie duften und leicht bräunen. Auf einem Teller auskühlen lassen.

5. Die Rollgerste mit dem restlichen EL Öl, Zitronensaft, Essig und Pinienkernen zum Kürbis in die Schüssel geben und verrühren. Nach Geschmack mit Salz und Pfeffer würzen. Mit Minze garnieren und sofort servieren.

KARTOFFEL-RADIESCHEN-SALAT
MIT SENF-DILL-VINAIGRETTE

Scharf, salzig und voller Beizaromen sind Cornichons ein kluger Weg, Gemüse vorrätig zu halten. Gemeinsam mit Senf peppen sie die zarten Kartoffeln, knackigen Radieschen und Selleriestangen dieses Salates auf. Wenn die Radieschenblätter frisch und grün sind, kann man sie klein hacken, um nichts zu verschwenden und dem Salat weitere Nährstoffe zu geben.

FÜR DIE VINAIGRETTE

6 EL Apfelessig (90 ml)

7 Cornichons, gehackt

10 g frischer Dill, gehackt

1 Schalotte, gehackt

3 EL Dijon-Senf

1 EL Bio-Rohrzucker

Meersalz

120 ml extra natives Olivenöl, plus 1 EL

1 kg neue Kartoffeln

Meersalz

4 Stangen Sellerie, fein gehackt

8 große Radieschen, geputzt und fein gehackt

2 EL frischer Dill, grob gehackt

1. Für die Vinaigrette in einer großen Schüssel Essig, Cornichons gehackten Dill, Schalotte, Senf, Zucker und ½ TL Salz verquirlen, bis sich Zucker und Salz aufgelöst haben. Öl in einem dünnen Strahl zugießen, dabei ununterbrochen rühren, bis die Vinaigrette gut aufgeschlagen ist. Nach Geschmack mit Salz würzen.

2. Eine Schüssel mit Eiswasser bereitstellen. In einer großen Pfanne Kartoffeln 2,5 cm hoch mit Wasser bedecken, mit 1 EL Salz und bei großer Hitze zum Kochen bringen. Auf mittlere Hitze reduzieren, teilweise zudecken und ca. 10 Minuten köcheln lassen, bis die Kartoffeln gerade weich werden.

3. Die Kartoffeln durch ein Sieb abgießen und ins Eiswasser legen. Auskühlen lassen, wieder abgießen und trocken tupfen. Jede Kartoffel halbieren oder vierteln.

4. Die Vinaigrette erneut verquirlen, Kartoffeln, Radieschen und Sellerie zugeben und vorsichtig verrühren. Nach Geschmack mit Salz würzen. Den Salat mit gehacktem Dill bestreuen und sofort servieren.

ERGIBT 6 PORTIONEN

SPARGEL & FRÜHLINGSZWIEBEL GEGRILLT MIT ROMESCO

In Spanien ist die saisonale Ernte gewisser Chilischoten oder Pilze oft Anlass für Feste. Der *calçot* ist eine Art Frühlingszwiebel, die in der Region Katalonien im Norden Spaniens wächst. Er wird beim jährlichen Festival *Calçotada* gegrillt mit Romesco – einer Art Pesto aus gerösteten Paprikaschoten und Mandeln – serviert. Verwenden Sie die frischesten Frühlingszwiebel für Ihre Fiesta im Lehnstuhl.

FÜR DEN ROMESCO

2 große rote Paprikaschoten oder 340-g-Glas geröstete Paprika

60 ml extra natives Olivenöl

8 Knoblauchzehen, grob gehackt

60 g Mandelsplitter, geröstet

1 große Tomate, gehackt

Meersalz

450 g Spargel, holzige Enden abgeschnitten

1 Bund Frühlingszwiebeln

extra natives Olivenöl

ERGIBT 4 PORTIONEN

1. Für den Romesco den Grillrost im oberen Drittel des Backofens einschieben und den Griller vorheizen.

2. Die Paprikaschoten auf einem Backblech mit Rand ca. 10 Minuten grillen, bis die Haut auf allen Seiten angebrannt ist, gelegentlich wenden. Zugedeckt in einer Schüssel 15 Minuten ausdampfen lassen. Herausnehmen und auskühlen lassen. Schälen – Haut, Stängel und Samen entfernen – und trocken tupfen. 340 g davon abwiegen. (Eingelegte Paprika abgießen, abspülen und trocken tupfen.)

3. In einer kleinen Pfanne Öl bei mittlerer Hitze erwärmen. Knoblauch zugeben und unter häufigem Rühren ca. 1 Minute goldbraun braten, bis er duftet. Vom Herd nehmen.

4. In einer Küchenmaschine Paprika, Mandeln und Tomaten pürieren. Das Gemüse an den Seiten hinunterschaben und nochmals fein pürieren. Die Knoblauch-Öl-Mischung und ½ TL Salz unterrühren und dann in eine mittlere Schüssel geben.

5. In einer Schüssel die Spargelstangen und Frühlingszwiebeln mit Öl gut vermengen. Auf einem Griller oder unter dem heißen Backofengrill das Gemüse ca. 5 Minuten grillen, dabei einmal wenden, bis es leicht geschrumpft, aber noch so fest ist, dass man es mit den Fingern essen kann. Auf einer Platte anrichten und mit dem Romesco zum Dippen sofort servieren.

JUNGES GRÜNES BLATTGEMÜSE SAUTIERT MIT PINIENKERNEN

Wir sollten alle mehr Grünzeug essen. Junges Blattgemüse, voll mit Vitaminen, Mineralstoffen, Antioxidantien und Ballaststoffen, ist eines der nährstoffreichsten Nahrungsmittel, die pflanzenbasierten Gerichten beeindruckende Mengen an Kalzium und Eisen liefern. Halten Sie sich an die Mittelmeer-Diät und servieren Sie es sautiert in extra nativem Olivenöl mit Knoblauch und einigen knackigen Nüssen als Kontrast zum seidigen Grün.

450 g junges Blattgemüse oder Babyspinat

2 EL extra natives Olivenöl

1 rote Zwiebel, geschnitten

3 Knoblauchzehen, grob gehackt

40 g gelbe Rosinen

2 EL Pinienkerne oder Sonnenblumenkerne

Meersalz

ERGIBT 4–6 PORTIONEN

1. Grünes Blattgemüse waschen und in einer Salatschleuder oder einem Küchentuch trocknen. In einer großen Pfanne Öl bei mittlerer bis hoher Hitze erwärmen, Zwiebel zugeben und unter häufigem Rühren ca. 4 Minuten leicht bräunen.

2. Gemüse, Knoblauch, Rosinen, Pinienkerne und ½ TL Salz zugeben und ca. 3 Minuten kochen, bis das Blattgemüse gleichmäßig zusammengefallen und dunkelgrün ist. Sofort servieren.

IN DER PFANNE SAUTIERTER BLUMEN-KOHL MIT KNOBLAUCH & KAPERN

Blumenkohl gehört zur Familie der Kohlgewächse. Er ist reich an Sulforaphanen, einem pflanzlichen Wirkstoff, den man mit geringerem Krebsrisiko assoziiert. Blumenkohl ist eine Art Chamäleon, je nachdem, wie man ihn kocht – sein Geschmack ist intensiv beim Sautieren, mild beim Kochen. Hier wird er blanchiert, um die kräftigen Röschen zart zu machen, und danach für einen intensiven Geschmack gebraten, bis die Ränder schön gebräunt sind.

1 mittlerer Blumenkohl
(ca. 570 g)

1 große Karotte

60 ml Olivenöl

4 Knoblauchzehen, gehackt

2 EL Kapern, abgespült und abgegossen

½ TL rote Chiliflocken

Meersalz und frisch gemahlener Pfeffer

ERGIBT 4 PORTIONEN

1. Den Blumenkohl putzen und in 5 cm große Röschen teilen (man sollte ca. 225 g bekommen.) Die Karotte diagonal in Scheiben schneiden. Wasser in einem großen Topf bei hoher Hitze zum Kochen bringen. Das Gemüse zugeben, umrühren und ca. 1 Minute leicht knackig kochen. Abgießen und auskühlen lassen.

2. In einer großen Pfanne Öl bei mittlerer bis hoher Hitze erwärmen. Blumenkohl und Karotte zugeben und unter Rühren ca. 3 Minuten dünsten, bis sie beginnen, weich zu werden. Knoblauch, Kapern und rote Chiliflocken zugeben und unter Rühren ca. 3 Minuten braten, bis das Gemüse gebräunt ist. Nach Geschmack mit Salz und Pfeffer würzen und sofort servieren.

BULGUR-SALAT MIT PAPRIKA, KICHERERBSEN & PISTAZIEN

Geröstete Paprika und getrocknetes Obst bringen einen Schuss Farbe und Süße in diesen Salat, während geröstete Pistazien für Crunch sorgen. Bulgur ist eine Art Weizen, der gedämpft und getrocknet wird, sodass man ihn schnell kochen oder einfach in heißer Brühe quellen lassen kann. Granatapfel-Melasse ist Granatapfelsaft, den man dick zu Sirup verkocht hat. Man findet sie in Spezialgeschäften.

250 g Bulgur (mittel-grob gemahlen)

525 ml Gemüsebrühe

60 ml Zitronensaft

80 g Granatapfel-Melasse

2 TL Bio-Rohrzucker

Meersalz und frisch gemahlener Pfeffer

6 EL extra natives Olivenöl (90 ml)

1 Dose Kichererbsen (425 g), abgegossen und abgespült

2 große rote Paprikaschoten

90 g geröstete Pistazien

20 g frische glatte Petersilie oder Koriander, gehackt

170 g kandierte Kirschen, grob gehackt

ERGIBT 6 PORTIONEN

1. Den Bulgur in eine große hitzebeständige Schüssel geben. In einem kleinen Topf die Brühe zum Kochen bringen, danach über den Bulgur gießen, zudecken und ca. 30 Minuten quellen lassen, bis die gesamte Flüssigkeit absorbiert ist.

2. Für das Dressing in einer Glasschüssel Zitronensaft, Granatapfel-Melasse, Zucker, 1½ TL Salz und frisch gemahlenen Pfeffer verquirlen, bis Zucker und Salz aufgelöst sind. Langsam das Öl unterrühren. Mit Salz und Pfeffer würzen.

3. In einer kleinen Schüssel Kichererbsen und ½ TL Salz vermengen. Das Dressing erneut verquirlen, dann mit den Kichererbsen in die Schüssel mit dem Bulgur geben. Gut durchrühren. Zudecken und 24 Stunden kalt stellen.

4. In der Zwischenzeit einen Grillrost in das obere Drittel des Backofens schieben und den Griller vorheizen.

5. Paprikaschoten auf einem Backblech mit Rand ca. 10 Minuten grillen, bis die Haut auf allen Seiten angebrannt ist, gelegentlich wenden. Zugedeckt in einer Schüssel 15 Minuten ausdampfen lassen. Herausnehmen, auskühlen lassen und schälen – Haut, Stängel und Samen entfernen – und Fruchtfleisch in kleine Würfel schneiden.

6. Kurz vor dem Servieren in einer kleinen Schüssel Pistazien und eine Prise Salz vermengen. Pistazien, geröstete Paprika, Petersilie und getrocknete Kirschen mit dem Bulgur gut verrühren. Nach Geschmack mit Salz und Pfeffer würzen. Den Salat auf Schalen verteilen und sofort servieren.

SALAT MIT KAROTTEN, OLIVEN & MANDELN

Karotten sind reich an Antioxidantien, ebenso Oliven, die Stars der gesunden mediterranen Küche. Wenn es Ihnen zu mühsam ist, Karotten längs zu schaben, schneiden Sie sie einfach in dünne Scheiben. Fleischige grüne Oliven schmecken in diesem Salat ausgezeichnet, aber jede Art Oliven, auch in Öl eingelegte schwarze Oliven, bringt eine angenehme, herb salzige Note.

½ TL Kreuzkümmelsamen

450 g mehrfarbige Karotten

40 g grüne Oliven, entkernt

7 g frische glatte Petersilie

1 TL Zitronensaft

2 EL extra natives Olivenöl

Meersalz und frisch gemahlener Pfeffer

35 g geröstete Mandeln, gehackt

ERGIBT 4 PORTIONEN

1. In einer Pfanne die Kreuzkümmelsamen bei niederer bis mittlerer Hitze 2–3 Minuten unter Rühren rösten, bis sie duften. Auf einen Teller geben und auskühlen lassen.

2. Mit einer Mandoline oder einer Reibe die Karotten längs in dünne Streifen in eine große Schüssel schneiden. Beiseitestellen.

3. Oliven und Petersilie grob hacken, in einer kleinen Schüssel mit einer Gabel mit Zitronensaft und gerösteten Kreuzkümmelsamen gut verrühren. Das Öl in einem dünnen Strahl in das Dressing einarbeiten. Nach Geschmack mit Salz und Pfeffer würzen.

4. Das Dressing zu den Karotten geben und gut vermengen. Den Salat auf Teller verteilen, mit Mandeln bestreuen und sofort servieren.

GRÜNKOHL MIT PETERSILIEN-WALNUSS-PESTO & GEGRILLTEM PAPRIKA

Warum soll man Grünkohl kneten? Es kann eine Herausforderung sein, die harten rohen Blätter zu kauen, ohne sie vorher einige Minuten zu bearbeiten, um sie geschmeidiger zu machen. Die Blätter zu kneten und zitroniges Pest zuzugeben, macht aus dem nährstoffreichen Grünzeug ein herrliches Gericht.

60 g frische glatte Petersilie

30 g Walnüsse

1 Knoblauchzehe

60 ml extra natives Olivenöl

2 EL Zitronensaft

Meersalz

1 Bund Palmkohl (Schwarzkohl)

1 große Kartoffel (ca. 250 g), in Würfel geschnitten und gedämpft

170 g geröstete rote Paprika aus dem Glas, abgegossen, trocken getupft und in Streifen geschnitten

ERGIBT 4–6 PORTIONEN

1. Für das Petersilien-Walnuss-Pesto in einer Küchenmaschine oder einem Standmixer Petersilie, Walnüsse und Knoblauch zerkleinern. Öl, Zitronensaft und 1 TL Salz zugeben und fein pürieren.

2. Die Grünkohlblätter vom Strunk lösen und in dünne Streifen schneiden. Die dünnere untere Hälfte der Blattrippe ebenfalls dünn schneiden, die obere dicke Hälfte entfernen.

3. Grünkohlblätter und geschnittenen Strunk in eine große Schüssel geben, Pesto zugeben und den Grünkohl ca. 2 Minuten kneten. Kartoffel und rote Paprikaschoten untermengen. Bis zum Servieren kalt stellen. Luftdicht verschlossen hält der Salat im Kühlschrank bis zu 3 Tage.

Rezeptanmerkung

Nährstoffreich und nussig-süß ist der Grünkohl mehr als eine schöne Dekoration oder eine unbeachtete Beilage. Als Mitglied der Kohlgewächse ist er eine kälteresistente Pflanze und wird am besten im Herbst gepflanzt, wenn die Temperaturen zu fallen beginnen, da er bei kaltem Wetter am besten reift. Aber er ist nicht nur im Garten vielseitig, wo man ihn in normalen oder Hochbeeten pflanzt. In der Küche ergänzt Grünkohl Salate, Eiergerichte und Eintöpfe.

GADO-GADO-WINTERSALAT
MIT ERDNUSSSAUCE

Gado Gado ist ein indonesischer Salat aus knackigem, rohem Kohl und anderen Gemüsesorten, mit Tofu, Eiern und Erdnuss-Kokos-Sauce. Hier kommt geröstetes Wurzelgemüse für den erdig saisonalen Touch zum Einsatz. Verwenden Sie vorgebackenen, marinierten Tofu als schnelle Lösung oder den gebackenen Tofu von den Sesam-Nudeln mit grünen Bohnen & Tofu (Seite 107). Das Rezept enthält mehr Erdnusssauce, als man für den Salat braucht, aber man kann den Rest im Glas im Kühlschrank aufbewahren und über Gemüse, Tofu oder Reis träufeln.

1 große Karotte, in dicken Scheiben

225 g Speiserübe, gewürfelt

225 g Süßkartoffel, in Spalten geschnitten

1 EL Avocadoöl

2 TL Limettenschale, gerieben

FÜR DIE ERDNUSSSAUCE

1 Dose Kokosmilch (400 ml), nicht aufgeschüttelt

rote Chiliflocken, nach Geschmack

2 große Knoblauchzehen, fein gehackt

5 kleine Schalotten, fein gehackt

100 g ungesüßte Erdnussbutter

1 EL Limettensaft

1 EL Bio-Rohrzucker

Meersalz

340 g Chinakohl, in Streifen geschnitten

450 g vorgebackener oder gebratener Tofu, in Streifen geschnitten

ERGIBT 4 PORTIONEN

1. Den Backofen auf 200 °C vorheizen.

   Karotte, Rübe und Süßkartoffel nebeneinander auf ein Backblech mit Rand legen. Mit Öl beträufeln und mit Limettenschale bestreuen. Vorsichtig wenden, dabei die Gemüsesorten getrennt halten. Das Blech mit Alufolie oder einem anderen Blech, das das Gemüse komplett bedeckt, zudecken und ca. 20 Minuten rösten, bis das Gemüse weich ist, wenn man mit einer Gabel einsticht.

2. Für die Erdnusssauce den festen Teil der Kokosmilch in einem kleinen Topf bei mittlerer Hitze erwärmen. Rote Chiliflocken, Knoblauch und Schalotten zugeben und unter gelegentlichem Rühren ca. 5 Minuten dünsten, bis die Schalotten weich sind.

3. In der Zwischenzeit in einer Schüssel Erdnussbutter, Limettensaft und die restliche Kokosmilch zu einer weichen Paste verrühren. Die Erdnussbuttermischung, Zucker und 1 TL Salz zu den Schalotten geben und verrühren. Zum Kochen bringen, Hitze reduzieren und unter gelegentlichem Rühren ca. 2 Minuten köcheln lassen, bis die Sauce leicht eingedickt ist. Auskühlen lassen.

4. Zum Anrichten den Kohl auf eine große Platte geben und das geröstete Gemüse und den Tofu darauflegen. Mit etwas Erdnusssauce beträufeln und die restliche Sauce separat dazu servieren. Luftdicht verschlossen kann man die Sauce bis zu zwei Tage im Kühlschrank aufbewahren.

PENNE MIT GERÖSTETEM GEMÜSE UND KICHERERBSEN

Ist der Garten in vollem Schwung, rösten Sie gemischtes Gemüse und machen Sie daraus zusammen mit Pasta ein Wohlfühlgericht. Das Geheimnis, Pasta auf gesunde Art zu genießen, ist, Vollkornnudeln und viel Gemüse zu verwenden. Wenn man noch nie Fenchelknollen geröstet hat, sollte man das unbedingt einmal versuchen – der Backofen bringt das süße Anisaroma hervor, das dem Gericht die besondere Note verleiht. Nährhefe ist die pflanzliche Antwort auf das Bestreuen mit Käse und eine großartige Quelle für Vitamin B_{12}.

1 Fenchelknolle, in 12 mm große Stücke geschnitten, Grün aufbewahren

1 großer gelber Kürbis, längs geviertelt und quer in Scheiben geschnitten

1 rote Zwiebel, gehackt

4 Knoblauchzehen, halbiert

60 ml extra natives Olivenöl

2 Zweige frischer Thymian

Meersalz

225 g Penne

2 große Pflaumentomaten, gehackt

35 g Kalamata-Oliven, entkernt und gehackt

1 Dose Kichererbsen (425 g), abgegossen und abgespült

30 g frisches Basilikum, gehackt

Nährhefe (optional)

ERGIBT 4–6 PORTIONEN

1. Den Backofen auf 200 °C vorheizen. 2 Backbleche mit Rand vorbereiten.

2. Auf einem Backblech gehackten Fenchel, Kürbis, Zwiebel und Knoblauch mit 2 EL Öl vermengen. Thymian und ½ TL Salz zufügen und erneut wenden. Die Hälfte der Mischung auf das zweite Backblech geben. Beide Bleche für 15 Minuten in den Ofen schieben, dann das Gemüse wenden. Die Position der Bleche im Ofen wechseln und ca. weitere 15 Minuten weich rösten und leicht bräunen. Auf den Blechen auskühlen lassen.

3. In der Zwischenzeit gesalzenes Wasser in einem großen Topf zum Kochen bringen. Penne zugeben und nach Packungsanweisung al dente kochen; abgießen. Etwa 20 g des beiseitegestellten Fenchelgrüns fein hacken.

4. Im leeren Pastatopf Penne, geröstetes Gemüse, Tomaten, Oliven, Kichererbsen, Basilikum, Fenchelgrün und die restlichen 2 EL Öl gut vermischen.

5. Die Pasta mit dem Gemüse auf Schalen verteilen und, wenn gewünscht, mit Nährhefe bestreuen. Sofort servieren.

ROSENKOHL-RUCOLA-SALAT
MIT WALNÜSSEN

Walnussöl, reich an guter Omega-3-Fettsäure wie etwa Lachs, eignet sich großartig für eine pflanzenbasierte Ernährung. Der satt nussige Geschmack bringt ein einfaches Gericht aus gedämpften Gemüse oder einen Salat wie diesen zum Singen. Das Öl ist empfindlich, geöffnet sollte man es im Kühlschrank aufbewahren und innerhalb von 4 Monaten verbrauchen.

450 g Rosenkohl, geputzt

60 g Walnüsse, gehackt

1½ EL Walnussöl

1 EL Apfelessig

Meersalz und frisch gemahlener Pfeffer

30 g Rucola

ERGIBT 4 PORTIONEN

1. Mit einer Mandoline oder einem scharfen Messer den Rosenkohl der Länge nach in eine Schüssel schneiden.

2. In einer kleinen Pfanne Walnüsse bei niederer bis mittlerer Hitze ca. 5 Minuten unter Rühren leicht braun rösten. Auskühlen lassen.

3. Öl und Essig zum Rosenkohl geben und nach Geschmack mit Salz und Pfeffer würzen. Vorsichtig verrühren.

4. Rucola auf die Teller verteilen. Rosenkohl mit dem Dressing darüber anrichten, mit Walnüssen garnieren und sofort servieren.

GERÖSTETE RATATOUILLE
MIT BASILIKUM

Auberginen werden nicht genügend geschätzt, wahrscheinlich, weil sie oft schlecht zubereitet werden. Doch sie sind eigentlich sehr leicht zu verarbeiten. Gewürfelte Auberginen werden mit anderem Gemüse zusammen geröstet schmelzend weich – und nehmen dabei die anderen Aromen sehr gut auf. Ratatouille ist ein Klassiker der gesunden mediterranen Küche und kann allein, auf Toast, mit Pasta und sogar auf Pizza genossen werden.

1 Aubergine (450 g), gewürfelt

1 große gelbe Zwiebel, gehackt

1 rote Paprikaschote, entkernt und gewürfelt

1 große Zucchini (300 g), längs geviertelt und quer in Scheiben geschnitten

2 große Tomaten, gehackt

4 große Knoblauchzehen, halbiert

1 TL getrockneter Thymian

Meersalz

60 ml extra natives Olivenöl

15 g frisches Basilikum, gezupft

ERGIBT 4 PORTIONEN

1. Den Backofen auf 200 °C vorheizen.

2. Aubergine, Zwiebel, Paprikaschoten, Zucchini, Tomaten und Knoblauch in einem großen Bräter mit Thymian und ½ TL Salz bestreuen, Öl zugeben und gut vermengen. Mit Alufolie oder einem zweiten Bräter komplett zudecken.

3. Ca. 20 Minuten rösten, dann den Bräter schwenken und für weitere 20 Minuten zurück in den Ofen schieben. Umrühren und weitere 20 Minuten rösten, bis das Gemüse leicht gebräunt ist. Umrühren, den Bodensatz wegkratzen und auskühlen lassen.

4. Das Gemüse auf einer Servierplatte anrichten, mit Basilikum garnieren und sofort servieren.

SALAT MIT GRÜNKOHL & GERÖSTETEM KÜRBIS MIT AHORN-VINAIGRETTE

Im Herbst bietet ein Bauernmarkt ein buntes Bild mit orangen, grünen und gelben Kürbissen neben purpurfarbenem und grünem Kohl. In diesem Salat sind beide Superfoods vereint – leicht knackiger Grünkohl wird unterstützt durch zarten Kürbis und beträufelt mit süß-scharfer Vinaigrette. Der Salat schmeckt am nächsten und sogar übernächsten Tag genau so gut. Man kann die Rosinen mit jedem getrockneten Obst ersetzen.

1 kleiner Eichelkürbis, halbiert, entkernt und in Scheiben geschnitten

Meersalz

2 EL brauner Zucker

¼ TL Paprikapulver

2 EL extra natives Olivenöl, plus 1 TL

60 g Kürbiskerne (Pepitas)

1 Kopf Grünkohl, Strunk und Rippen entfernt

2 EL Ahornsirup

2 EL Zitronensaft

1 großen sauren Apfel, entkernt und gehackt

¼ kleine rote Zwiebel, dünn geschnitten

90 g Rosinen oder andere gehackte Trockenfrüchte

ERGIBT 4–6 PORTIONEN

1. Den Backofen auf 200 °C vorheizen.

2. Ein Backblech mit Rand leicht mit Öl befetten, Kürbis darauf setzen und mit Salz würzen. 20 Minuten rösten, wenden und weitere 10 Minuten leicht bräunen. Auf einem Gitter auskühlen lassen.

3. In einer kleinen Schüssel braunen Zucker, Paprikapulver und ½ TL Salz vermengen.

4. In einer großen Pfanne 1 TL Öl bei mittlerer Hitze erwärmen. Kürbiskerne zugeben und unter Rühren und Schwenken 3–5 Minuten rösten, bis sie aufpoppen und duften. Die Zuckermischung zugeben und unter ständigem Rühren schmelzen lassen, bis die Kerne ganz bedeckt sind. In einer mittleren Schüssel auskühlen lassen.

5. Grünkohlblätter in mundgerechte Stücke reißen und in eine große Schüssel geben. In einer kleinen Schüssel die restlichen 2 EL Öl, Ahornsirup, Zitronensaft und ½ TL Salz gut vermischen. Über den Grünkohl gießen und die Blätter mindestens 2 Minuten kneten, bis sie etwas weicher werden.

6. Den ausgekühlten Kürbis, Apfel, Zwiebel und Rosinen unter den Grünkohl mengen. Mit Kürbiskernen bestreuen und sofort servieren.

WINTERKÜRBIS GEFÜLLT MIT ÄPFELN & WILDEM REIS

Verschiedene Winterkürbisarten eignen sich perfekt zum Füllen. Wenn Sie von Hand geernteten wilden Reis finden, verwenden Sie ihn für dieses Rezept. Er ist vielleicht teurer, aber der bessere Geschmack und die kürzere Kochzeit sind es wert. Wilder Reis war das Hauptnahrungsmittel der Eingeborenen im amerikanischen Mittelwesten – er enthält zwei Mal so viel Eiweiß wie brauner Reis und viele Antioxidantien, um Ihre Gesundheit zu schützen.

2 kleine Winter- oder Eichelkürbisse, halbiert und entkernt

185 g wilder oder brauner Reis

1 EL extra natives Olivenöl

60 g Schalotten, gehackt

2 große Äpfel, geschält, entkernt und in 12 mm große Stücke geschnitten

115 g Walnüsse, gehackt

2 TL getrockneter Salbei

1 TL getrockneter Thymian

Meersalz

ERGIBT 4 PORTIONEN

Rezeptanmerkung

Gefüllte Kürbisse im Voraus zubereiten und bis zu 3 Tage im Kühlschrank aufbewahren. Bei Verwendung auf Raumtemperatur erwärmen und im auf 200 °C vorgeheizten Backofen 30 Minuten überbacken.

1. Den Backofen auf 200 °C vorheizen. Ein Backblech mit Rand leicht mit Öl befetten und die Kürbishälften mit der Schnittfläche darauflegen. Ca. 20 Minuten rösten, bis sie sich leicht mit einem Pariermesser einstechen lassen.

2. In einem kleinen Topf 475 ml Wasser zum Kochen bringen. Reis zugeben und nochmals aufkochen lassen. Auf niedere Hitze reduzieren, zudecken und weich kochen – ca. 25 Minuten für von Hand geernteten Reis, andernfalls 40–60 Minuten. (Brauner Reis braucht etwa 40 Minuten.) Vom Herd nehmen und wenn nötig abgießen. Beiseitestellen.

3. Wenn der Kürbis genügend ausgekühlt ist, das Fruchtfleisch herauslöffeln, dabei eine dünne Schicht belassen; dabei darauf achtgeben, die Schale nicht zu verletzen. Das Kürbisfleisch mit dem gekochten Reis in eine große Schüssel geben.

4. In einer großen Pfanne Öl bei mittlerer bis hoher Hitze erwärmen. Schalotten und Äpfel zugeben und unter gelegentlichem Rühren ca. 4 Minuten braten, bis die Äpfel weich und leicht gebräunt sind. Walnüsse, Salbei, Thymian und 1 TL Salz zugeben und kurz umrühren. Apfelmischung ebenfalls in die Schüssel geben und gut unterrühren.

5. Die ausgehöhlten Kürbishälften mit der Reismischung füllen und auf ein Backblech setzen. Ca. 20 Minuten backen, bis die Oberfläche gebräunt ist. Sofort servieren.

SÜSSKARTOFFEL-RISOTTO MIT WALNÜSSEN

Arborio-Reis kann man bei Risotto leicht überkochen, während Vollkornreis mehr verzeiht. Dank der gesunden Kornhülle muss man braunen Reis weniger vorsichtig behandeln, denn er wird nicht matschig und kann nach Herzenslust aufgewärmt werden. Ein Topping aus Walnüssen auf diesem mit Süßkartoffeln angereicherten Risotto liefert sowohl zusätzliches Eiweiß und Omega-3-Fette als auch Knusprigkeit und Geschmack.

1 EL extra natives Olivenöl

1 gelbe Zwiebel, gehackt

250 g Süßkartoffel, geschält und klein gewürfelt

250 g brauner oder schwarzer Reis

120 ml trockener Weißwein

Meersalz

700 ml Gemüsebrühe

1 TL getrockneter Thymian

2 EL Nährhefe

20 g frisches Basilikum oder glatte Petersilie, gehackt

60 g Walnüsse, grob gehackt

ERGIBT 4 PORTIONEN

1. In einer großen Pfanne Öl bei mittlerer bis hoher Hitze erwärmen. Zwiebel und Süßkartoffel zugeben, Hitze reduzieren und unter gelegentlichen Rühren 4–5 Minuten braten, bis die Zwiebel durchscheinend und die Süßkartoffel zu karamellisieren beginnt. Reis zugeben und unter Rühren heiß werden lassen. Mit Wein aufgießen, ½ TL Salz hinzufügen und rühren, bis der Reis wieder trocken ist. Brühe und Thymian zugeben und bei hoher Hitze zum Kochen bringen. Zudecken, auf niedere bis mittlere Hitze reduzieren und den Reis in ca. 30 Minuten weich kochen.

2. Umrühren und kosten; die Körner sollten zart und weich sein. Die Hitze erhöhen, um die Flüssigkeit verdampfen zu lassen, dabei umrühren, um die Stärke freizusetzen, so wird das Risotto cremig. Sobald das Risotto eingedickt ist, Nährhefe und Basilikum unterrühren. Mit Walnüssen bestreuen und sofort servieren.

BULGUR-LINSEN-PILAW
MIT MANDELN

Vollkorn-Bulgur und schnell kochende Linsen sind mit aromatischem Gemüse, duftenden Gewürzen und frischen Kräutern abwechslungsreiche Beilagen für jedes Gericht. Bulgur wird aus in der Hülse vorgekochten Weizenkörnern gemacht, die dann geschält, getrocknet und in verschiedene Größen, von grob bis fein, gemahlen werden. So kann Bulgur schneller gekocht werden als andere Getreidesorten und behält damit Eiweiß, Eisen und Vitamin B_6. Linsen enthalten auch viel Eiweiß, Eisen und Ballaststoffe. Geröstete Mandeln sorgen für Knusprigkeit.

150 g getrocknete braune Linsen

2 EL Olivenöl

1 gelbe Zwiebel, gehackt

2 Knoblauchzehen, fein gehackt

170 g Bulgur (mittel grob)

1 TL geriebene Koriandersamen

Meersalz und frisch gemahlener Pfeffer

475 ml Gemüsebrühe oder Wasser

10 g frische glatte Petersilie

45 g geröstete Mandeln

1 EL Abrieb von einer Bio-Zitrone

2 EL Zitronensaft

ERGIBT 4 PORTIONEN

1. Linsen auf Steine und Sand verlesen. Gründlich unter fließendem kalten Wasser abspülen und abtropfen lassen. In einem kleinen Topf Linsen 5 cm hoch mit Wasser bedecken und bei mittlerer bis hoher Hitze zum Kochen bringen. Auf niedere bis mittlere Hitze reduzieren, zudecken und ca. 20 Minuten sanft köcheln lassen, bis die Linsen bissfest sind. Abgießen und beiseitestellen.

2. In einer großen Pfanne Öl bei mittlerer bis hoher Hitze erwärmen. Zwiebel zugeben und 2–3 Minuten glasig braten. Knoblauch, Bulgur, Koriander und je ¼ TL Salz und Pfeffer zugeben und unter Rühren noch 1 Minute garen, bis der Knoblauch duftet. Linsen und Brühe hinzufügen und zum Kochen bringen. Auf niedere Hitze reduzieren, zudecken und ca. 5 Minuten köcheln lassen, bis der Bulgur beginnt, weich zu werden. Vom Herd nehmen und ca. 15 Minuten zugedeckt stehen lassen, bis der Bulgur weich ist.

3. Petersilie, Mandeln und Zitronenabrieb auf einem Schneidebrett grob hacken. Linsenmischung mit einer Gabel auflockern und Zitronensaft einrühren. Nach Geschmack mit Salz und Pfeffer würzen.

4. Den Pilaw auf einer Servierplatte anrichten. Mit der Mandelmischung bestreuen und sofort servieren.

BLUMENKOHL-STEAKS
MIT CREMIGER CURRY-SAUCE

Schneiden Sie „Steaks" aus einem Blumenkohl, um ihn bestmöglich in Szene zu setzen. Die dicken Scheiben zu sautieren und dann zu grillen, versüßt und konzentriert das Aroma, was sie noch attraktiver macht. Den Strunk und die restlichen Röschen verwendet man für die cremige Sauce, so wird nichts verschwendet, und man bekommt genug Sauce, vielleicht sogar so viel, um sie am nächsten Tag mit Reis oder Gemüse zu servieren.

1 Blumenkohl (ca. 700 g)

70 g ungeröstete Cashew-Nüsse, über Nacht in kaltem Wasser eingeweicht und abgegossen

1 EL frischer Ingwer, geschält und gehackt

1 EL Abrieb von einer Bio-Zitrone

Meersalz

1 TL gemahlener Kreuzkümmel

¾ TL gemahlenes Kurkuma

½ TL gemahlene Koriandersamen

½ TL Cayenne-Pfeffer

240 ml Kokosmilch

2 EL Avocadoöl

140 g Reis, Quinoa oder Hirse, gekocht

geröstete Pistazien oder Cashew-Nüsse, gehackt, zum Garnieren

ERGIBT 2 PORTIONEN

1. Die Blätter vom Blumenkohl lösen und den Strunk teilweise abschneiden. De Blumenkohl an der Basis aufstellen und von der Mitte aus in 2,5 cm breite Steaks schneiden. Die Steaks beiseitestellen und den Stamm und die restliche Röschen in 2,5 cm große Stücke oder kleiner schneiden.

2. 400 g vom gehackten Blumenkohl in einem Dampfeinsatz über kochendem Wasser 15 Minuten ganz weich dünsten. (Weitere gehackte Reste zur späteren Verwendung zur Seite geben.)

3. In der Zwischenzeit den Backofen auf 200 °C vorheizen und zwei Backbleche mit Rand vorbereiten.

4. In einem Standmixer den gedämpften Blumenkohl, Cashew-Nüsse, Ingwer und Zitronenabrieb fein pürieren, zwischendurch das Gemüse nach unten schaben. 1 TL Salz, Kreuzkümmel, Kurkuma, Koriander, Cayennepfeffer und Kokosmilch zugeben und alles nochmals ganz fein pürieren. In einen kleinen Topf geben und warm stellen.

5. In einer großen Pfanne Öl bei hoher Hitze erwärmen. Die Blumenkohl-Steaks vorsichtig einlegen und ca. 2 Minuten auf jeder Seite braten (einmal wenden), dabei mit einem Pfannenwender nach unten drücken, sodass der Blumenkohl auf dem Pfannenboden gleichmäßig bräunt. Fertige Steaks auf das Backblech legen und ca. 20 Minuten rösten, bis ein in die Mitte des Strunks gestecktes Messer auf keinen Widerstand mehr trifft.

6. Zum Servieren den Reis je zur Hälfte auf zwei Servierplatten verteilen. Etwas Sauce darüber löffeln und die Blumenkohl-Steaks darauf anrichten. Mit den Nüssen bestreuen und sofort servieren.

SPINATSALAT MIT ORANGEN & GEGRILLTEN RÜBEN

Reife, süße Navel-Orangen kommen in Wintersalaten oft vor. Sie bringen attraktive Farbe und Säure zur Mischung aus Rüben und Spinat und versorgen den gesunden Mix mit noch mehr Vitamin C und Antioxidantien. Die im Winter vollreifen, granatfarbenen Blutorangen können Navel-Orangen ersetzen. Nach Wunsch kann man mit gerösteten Walnüssen oder Mandeln den Eiweißgehalt erhöhen.

4 kleine Rüben (ca. 225 g Gesamtgewicht), geputzt

1 EL Zitronensaft oder mehr nach Geschmack

1 Schalotte, fein gehackt

Meersalz und frisch gemahlener Pfeffer

3 EL extra natives Olivenöl

2 große Navel-Orangen

170 g Babyspinat

ERGIBT 6 PORTIONEN

1. Den Backofen auf 190 °C vorheizen.

2. Die Rüben in Alufolie wickeln, auf einem Backblech mit Rand 45–60 Minuten rösten, bis man sie mit einem Pariermesser einstechen kann, aus dem Ofen nehmen und in der Folie auskühlen lassen.

3. In der Zwischenzeit für das Dressing in einer kleinen Schüssel Zitronensaft und Schalotte vermengen. Nach Geschmack mit Salz und Pfeffer würzen. 30 Minuten stehen lassen, um den Geschmack der Zwiebel zu mildern, dann das Öl in einem dünnen Strahl unter ständigem Rühren einarbeiten.

4. Oben und unten die kappen von der Orange schneiden. Aufrecht hinstellen und, der Kontur folgend, die Schale mitsamt der weißen Haut entfernen. Entlang den Scheidewänden Spalten herausschneiden.

5. Sobald die Rüben genügend ausgekühlt sind, diese schälen und in Stücke in der Größe der Orangenspalten schneiden. Die Rübenstücke in eine Schüssel geben und mit so viel Dressing beträufeln, dass sie damit leicht überzogen sind.

6. Den Spinat mit den Orangenspalten in eine große Schüssel geben und mit dem restlichen Dressing vermischen. Nach Geschmack mit Salz, Pfeffer und mehr Zitronensaft würzen.

7. Den Spinat und die Orangen auf Teller verteilen. Die Rüben darauf anrichten und sofort servieren.

FRÜHLINGSROLLEN MIT FRISCHEM GEMÜSE

Die besonderen Frühlingsrollen sind vollgepackt mit frischen Kräutern und stellen eine gesunde Beilage, Vorspeise oder leichte Mahlzeit dar; man kann sie mit fertiger Chili- oder Erdnusssauce zum Dippen servieren. Karotten sind eine ausgezeichnete Quelle für Vitamin A, Shiitake-Pilze liefern B-Vitamine und Potassium, um das Immunsystem zu stärken. Die Zutaten für die Fülle können nach Belieben variiert werden.

250 g Shiitake-Pilze

2 TL Rapsöl oder Erdnussöl

1 Knoblauchzehe, zerdrückt oder fein gehackt

1 TL Sojasauce

220 g Dünne Reisnudeln

12 Folien Reispapier (12,5 cm Durchmesser)

1 rote Paprikaschote, entkernt und in dünne Streifen geschnitten

2 reife Avocados, entkernt, geschält und in Scheiben geschnitten

2 Karotten, geschält und zündholzgroß geschnitten

30 g gemischte Kräuterzweige wie Minze, Koriander und Basilikum

ERGIBT 6-8 PORTIONEN

1. Die Pilzstängel abschneiden und entfernen (oder für Suppe/Fond zur Seite geben). Die Kappen in Scheiben schneiden und beiseitestellen. In einer großen beschichteten Pfanne 1 TL Öl bei mittlerer bis hoher Hitze erwärmen. Knoblauch darin unter Rühren ca. 30 Sekunden zum Duften bringen, aber nicht bräunen. Pilze zugeben und 3–4 Minuten Saft ziehen lassen. Sojasauce zugießen und ca. 1 Minute kochen, bis die Pfanne trocken ist. In einer Schüssel beiseitestellen.

2. Wasser in einem Topf bei hoher Hitze zum Kochen bringen. Nudel zugeben, umrühren, um sie zu trennen, und 3–5 Minuten nach Packungsanleitung weich kochen. Durch ein Sieb abgießen und unter kaltem fließenden Wasser abspülen. Den Topf trocknen, die Nudeln wieder hineingeben und mit dem restlichen TL Öl unterrühren.

3. Eine große flache Schüssel mit heißem Leitungswasser füllen. 1 bis 2 Folien Reispapier portionsweise ca. 30 Sekunden einweichen, bis sie biegsam sind. Überschüssiges Wasser abschütteln und auf einem Teller auflegen. 1 Reispapier flach auf der Arbeitsplatte auflegen. Eine Kombination von Nudeln, Paprikaschoten, Avocado, Pilzen, Karotten und Kräutern in die Mitte legen; die Enden seitlich über die Fülle schlagen und das Reispapier vom Körper weg einrollen.

4. Die Frühlingsrollen in der Mitte durchschneiden und sofort servieren.

WARUM MAN LOKAL & BIO KAUFEN SOLLTE

In einer Zeit, in der der Großteil unseres Bedarfs in den Händen von wenigen multinationalen Konzernen liegt[1], ist die Lösung überraschend einfach: Wir müssen die Aufmerksamkeit – und unser Geld – zurück auf lokale Wirtschaft und Nachhaltigkeit lenken.

Indem man sich bei lokalen Produzenten und Zulieferern eindeckt, unterstützt man wertvolle Mitglieder der Gemeinschaft: diejenigen, die anbauen, produzieren, verteilen und verkaufen. Und das Wohl kommt zu uns in Form einer stabileren und besser florierenden Wirtschaft zurück.[2]

Mit dem Kauf regional angebauter biologischer Produkte unterstützt man den Umweltschutz. Für ein Umweltzertifikat müssen rigorose Standards eingehalten werden. Bei einer solchen Produktion gelangen keine schädliche Chemikalien wie Pestizide in den Boden, die benachbarte Umgebung wird nicht zerstört und es werden keine genetisch modifizierten Samen gepflanzt.[3]

„Die wirklichen Kosten der industriellen Landwirtschaft sieht man nicht auf Preisschildern der Geschäfte. Sie zeigen nicht, was der Steuerzahler für Subventionen des Agrarbusiness zahlt. Die Preise in den Geschäften reflektieren auch nicht, wie viel wir für unsere geschädigte Gesundheit und unser geschwächtes Immunsystem zahlen. Es ist fast unmöglich, zu messen, wie viel wir für die Bereinigung der Umweltschäden durch chemisch-intensiven Anbau ausgeben."[4]

[1] Oxfam, Hoffman, B. 2014. Behind the Brands. https://www.oxfam.org/en/research/behind-brands.
[2] Ward, Bernie, Julie Lewis, New Economics Foundation, Esmée Fairbairn Foundation, and Great Britain. Neighbourhood Renewal Unit. 2002. *Plugging the Leaks: Making the Most of Every Pound That Enters Your Local Economy.* London: New Economics Foundation.
[3] „Organic Regulations | Agricultural Marketing Service." Usda.Gov. United States Department of Agriculture. 2019. https://www.ams.usda.gov/rules-regulations/organic.
[4] Goodall, McAvoy, and Hudson, *Harvest for Hope,* 169.

All dies lässt sich ausgleichen – indem man bedenkt, dass die Wahl erschwinglicher Lebensmittel auf Pflanzenbasis genau so wichtig ist wie die Wahl biologischer und regionaler Lebensmittel. *Jede Wahl ist ein Ausgleich und es gibt immer neue Mittel und Wege, über die Auswirkungen unserer Ernährung nachzudenken.* Zum Beispiel: Mandelmilch ist ein großartiger Ersatz für Kuhmilch, aber die Produktion und die Verarbeitung von Mandeln benötigen sehr viel Wasser.[5] Obwohl weniger Ressourcen verbraucht werden als bei industrieller Landwirtschaft, kann es sich je nach Verfügbarkeit lohnen, Alternativen zu prüfen. Andere Beispiele sind Avocado-, Oliven- und Palmöl. Diese hochwertigen Pflanzenöle sind unglaublich gut für uns und bessere Optionen, aber industrialisierte Versionen dieser Produkte können wasserintensiv sein, den Boden schädigen und stark auf Chemikalien und Monokulturen angewiesen sein. Als Lösung sollten Sie die Etiketten überprüfen und nur nachhaltig hergestellte Pflanzenöle in Betracht ziehen. Darüber nachzudenken, was man täglich braucht, sowie regionale und biologische pflanzliche Nahrungsmittel zu kaufen, stellt sicher, dass das Geld in der eigenen Wirtschaft bleibt, unsere Umwelt geschützt wird und den Mitgliedern einer Gemeinschaft die Möglichkeit geboten wird, sich zu entfalten – somit ist eine einfache und wirksame Lösung gefunden, um unser Ernährungssystem zu verändern.

---

[5] Fleischer, Deborah. 2018. „Almond Milk is Taking a Toll on the Environment." UCSF.edu. University of California San Francisco. 2018. https://sustainability.ucsf.edu/1.713.

HAUPTGERICHTE

„Eine leichte Art, zu beginnen, ist, ein lokales, saisonales Mahl in der Woche zu essen. Machen Sie daraus ein soziales Event, laden Sie Familie und Freunde zu einem Gemeinschaftsessen ein, zu dem jeder etwas Saisonales beisteuert und wo man Rezepte und Informationen austauscht." —Jane

ZITRONENGRAS-TOFU-BÁNH MÌ

In dieser geschmackvollen Version eines vietnamesischen Baguette-Sandwich ist marinierter Tofu ein ausgezeichneter, eiweißreicher Ersatz für traditionelles Fleisch. Mit eingelegtem saurem Gemüse und einer schnellen, pikanten Mayonnaise werden Sie das Fleisch nicht missen. Nehmen Sie Bio-Tofu, er ist besser für die Umwelt und liefert reines, billiges Eiweiß.

1 EL frisches Zitronengras (nur der weiße Teil), fein gehackt

1 EL Knoblauch, fein gehackt

2 TL Sriracha,

2 TL Limettensaft

2 TL Bio-Rohrzucker

Meersalz und frisch gemahlener Pfeffer

2 EL Rapsöl (60 ml), plus 2 EL

450 g extra fester Tofu, trocken getupft und in 12 Scheiben (6 mm dick) geschnitten

120 ml vegane Mayonnaise

115 g Daikon, geraspelt

115 g Karotte, geraspelt

1 EL Reisessig

4 Brötchen nach vietnamesischer Art oder kleine Baguettes

30 g frischer Koriander

1 große Jalapeño-Chilischote, dünn geschnitten

ERGIBT 4 PORTIONEN

1. In einem kleinen Standmixer oder Mörser Zitronengras, Knoblauch, Sriracha, Limettensaft, 1 TL Zucker und je ½ TL Salz und Pfeffer vermengen. 2 EL Öl zugeben und gut verrühren. Den Tofu mit 3 EL der Zitronengraspaste bedecken; beiseitestellen. Die restliche Paste mit der Mayonnaise verrühren und beiseitestellen.

2. In einer kleinen Schüssel Daikon, Karotte, Essig, 1 TL Zucker und ½ TL Salz verrühren; beiseitestellen.

3. In einer großen beschichteten Pfanne die restlichen 60 ml Öl bei mittlerer bis hoher Hitze erwärmen. Tofu darin auf jeder Seite ca. 2 Minuten knusprig goldbraun braten. Einen Teller mit Küchenpapier auslegen, Tofu darauflegen und überschüssiges Fett aufsaugen lassen.

4. Die Brötchen horizontal so aufschneiden, dass sie an einer Seite noch zusammenhängen. Mit Zitronengrasmayonnaise gleichmäßig beschmieren, je 3 Tofu-Stücke darauf setzen und mit dem Daikon-Karotten-Salat, Koriander und Jalapeño belegen. Sofort servieren.

Rezeptanmerkung

Für das dünn geschnittene Gemüse greifen Sie am besten zu einem Julienne-Schneider. Er sieht aus wie ein kleiner Rechen und schneidet perfekte Julienne-Streifen aus hartem Gemüse wie Daikon und Karotten. Zitronengras ist schwer zu schneiden, kaufen Sie daher vorgeschnittenes, erhältlich in Asia-Märkten oder spezialisierten Geschäften.

SAISONALE GEMÜSE-BOWL MIT QUINOA, KNUSPRIGEN KICHERERBSEN & SESAM-KURKUMA-SAUCE

Quinoa beschreibt man oft als das Korn mit „komplettem Eiweiß", denn es enthält alle neun essenziellen Aminosäuren. Neben Eiweiß ist Quinoa ein Kraftwerk an Nährstoffen, mit bemerkenswertem Anteil an Ballaststoffen, Kalzium und Mineralstoffen in einem köstlich nussigen Paket. In dieser Bowl kann man jegliches Gemüse, das gerade Saison hat, verwenden und mit der Kurkumasauce aus cremiger Tahina veredeln.

FÜR DIE SESAM-KURKUMA-SAUCE

70 g Tahina

1 EL Ahornsirup

¼ TL gemahlene Kurkuma

1 Knoblauchzehe, zerdrückt

1 EL Apfelessig

1 EL Sojasauce

340 g Quinoa

1 Dose Kichererbsen (425 g), abgegossen, abgespült und trocken getupft

1 EL extra natives Olivenöl

1 TL geräuchertes Paprikapulver

½ TL gemahlener Kreuzkümmel

Meersalz

1 große Karotte, geraspelt

170 g Cocktail-Tomaten, halbiert

115 g Blumenkohlröschen

70 g Sauerkraut oder Kimchi, abgegossen und gehackt (optional)

1 große Avocado, entkernt, geschält, und in Scheiben geschnitten

1. 525 ml Wasser in einem Topf zum Kochen bringen. Quinoa zugeben und nochmals aufkochen lassen. Zudecken, auf niedere Hitze reduzieren und ca. 15 Minuten quellen lassen. Vom Herd nehmen, zugedeckt bis zum Servieren stehen lassen.

2. Für die Sesam-Kurkuma-Sauce in einer kleinen Schüssel Tahina, Ahornsirup, Kurkuma und Knoblauch mit einer Gabel zu einer weichen Paste verrühren. Essig, Sojasauce und 2 EL Wasser zugeben und gut unterrühren. (Man kann alle Zutaten auch in einem Standmixer fein pürieren.)

3. Den Backofen auf 200 °C vorheizen. Die Kichererbsen auf einem Backblech mit Rand verteilen, mit Öl beträufeln und wenden, sodass sie gut damit überzogen sind. Ca. 25 Minuten rösten, bis die Kichererbsen gebräunt sind, dabei nach der Hälfte der Zeit die Pfanne schwenken. Aus dem Ofen nehmen und mit Paprikapulver, Kreuzkümmel und ½ TL Salz bestreuen.

4. Je ein Viertel der gekochten Quinoa auf 4 flache Schalen verteilen. Karotten, Tomaten, Blumenkohl, Sauerkraut (wenn gewünscht), Avocado und die knusprigen Kichererbsen darauf anrichten. Mit der Sauce beträufeln und sofort servieren.

ERGIBT 4 PORTIONEN

GEMÜSESALAT MIT TEMPEH NACH INDONESISCHER ART

Dieser knackig knusprige Salat mit Curry-Cashew-Dip erhält den Eiweißschub von den fermentierten Sojabohnen im Tempeh. Der dichte, zähe Kuchen ist ein uraltes Gericht indonesischen Ursprungs, wo man es schon lange als Fleischersatz verwendet. Spielen Sie je nach Saison und Geschmack mit Obst und Gemüse.

200 g Jasmin-Reis

½ TL gemahlene Kurkuma

Meersalz

60 ml heißes Wasser

geröstete gesalzene Cashew-Nüsse

60 ml Limettensaft

1 EL Sojasauce

1 EL rote Thai-Curry-Paste

1 EL brauner Zucker

115 g Brokkoliröschen

170 g grüne Bohnen, in 5 cm große Stücke geschnitten

1 Salatgurke, geschält, längs halbiert und quer in 6 mm große Scheiben geschnitten

170 g frische Ananas, in Stücke geschnitten

½ rote Paprikaschote, entkernt und in dünne Streifen geschnitten

1½ EL Rapsöl

225 g marinierte Tempeh-Streifen (z. B. mit Tofu-Kokos-Aroma)

ERGIBT 4 PORTIONEN

1. In einem kleinen Topf Reis, Kurkuma, ½ TL Salz und 475 ml Wasser zum Kochen bringen. Auf niedere Hitze reduzieren, zudecken und 12–15 Minuten weich köcheln lassen.

2. In einem Standmixer heißes Wasser, Cashew-Nüsse, Limettensaft, Sojasauce, Currypaste und Zucker fein pürieren. Mischung in eine kleine Servierschüssel gießen und beiseitestellen.

3. Wasser in einem Topf zum Kochen bringen. Eine Schüssel mit Eiswasser füllen. Brokkoli für ca. 2 Minuten ins kochende Wasser geben. Grüne Bohnen zugeben und weitere 2 Minuten knackig kochen. Abgießen und ins Eiswasser geben, um den Kochvorgang abzubrechen. Sobald sie ausgekühlt sind, abgießen und mit Küchenpapier trocken tupfen. Auf einer großen Platte Brokkoli, grüne Bohnen, Gurke, Ananas und Paprikaschoten anrichten.

4. In einer großen beschichteten Pfanne Öl bei mittlerer bis hoher Hitze erwärmen. Tempeh-Streifen darin ca. 2 Minuten auf jeder Seite goldbraun braten. Auf Küchenpapier das Fett abtropfen lassen und die Streifen auf die Platte legen. Sofort servieren. Cashew-Sauce und Reis separat reichen.

Rezeptanmerkung

Man kann sich das Hacken und Blanchieren in Schritt 2 ersparen und an einer Salatbar einen Becher zum Mitnehmen mit den bevorzugten Gemüsesorten füllen. Zu Hause kann man sie mit dem Tempeh auf einer Platte anrichten.

SOBA-NUDELN MIT SPARGEL & PILZEN

Das japanisch inspirierte Nudelgericht betont Spargel zu seiner besten Jahreszeit. Wakame, ein nachhaltiges, mineralstoffreiches Meeresgemüse liefert den salzigen Kontrapunkt zu weichen Nudeln und knusprigem Spargel. Shiitake-Pilze sind für ihre umamireichen, nach Fleisch schmeckenden Qualitäten sowie den hohen Gehalt an gesunden Mineralien bekannt.

2 EL getrocknetes Wakame oder gemischtes Meeresgemüse

2 EL Sojasauce

2 EL Reisessig

1 EL Bio-Rohrzucker

2 TL geröstetes Sesamöl

225 g Soba-Nudeln

2 EL Rapsöl, 2 EL

2 TL frischer Ingwer, geschält und fein gerieben

2 TL Knoblauch, fein gehackt

340 g Spargel, holzige Enden abgeschnitten und in 5 cm große Stücke geschnitten

90 g Shiitake-Pilze, Stängel entfernt, Kappen in Scheiben geschnitten

ERGIBT 4 PORTIONEN

1. In einer kleinen Schüssel Wakame mit 250 ml Wasser verrühren. 15 Minuten beiseitestellen, damit es das Wasser aufsaugt. Überschüssiges Wasser ausdrücken und beiseitestellen.

2. In einer zweiten kleinen Schüssel Sojasauce, Essig, Zucker und Sesamöl verrühren, bis der Zucker aufgelöst ist; beiseitestellen.

3. Wasser in einem Topf zum Kochen bringen. Soba-Nudeln darin ca. 4 Minuten weich kochen. Abgießen und mit kalten Wasser abspülen, um den Garvorgang zu unterbrechen; beiseitestellen.

4. In einem Wok oder einer großen beschichteten Pfanne das Rapsöl bei mittlerer bis hoher Hitze erwärmen. Ingwer und Knoblauch 20 Sekunden darin anbraten, bis sie duften. Spargel und Pilze zugeben und 1 weitere Minute braten. 2 EL Wasser zugeben, zudecken und je nach Dicke ca. 2 Minuten dünsten, bis der Spargel zart, knackig und leuchtend grün ist.

5. Vom Herd nehmen, Deckel abnehmen, Nudeln und Sojasauce-Mischung zugeben, verrühren und auf flache Schüsseln verteilen. Mit Wakame belegen und warm oder gekühlt servieren.

Rezeptanmerkung

Wenn man wenig Zeit Hat, kann man statt Soba frische Yakisoba (erhältlich in den meisten Lebensmittelläden) verwenden: Einfach die vorgekochten Nudeln bei Schritt 5 direkt in den Wok geben und aufwärmen.

BRUSCHETTA MIT GEGRILLTER AUBERGINE & HASELNUSS-SKORDALIA

Wählen Sie für diese Bruschetta purpur leuchtende Baby-Auberginen. Pikantes Skordalia – so köstlich wie Käse, ohne ein Milchprodukt zu sein – betont das erdige Aroma der Haselnüsse, einer umweltverträglichen Pflanze, die auf kargen Böden wächst und wenig Wasser braucht.

8 Baby-Auberginen (450 g Gesamtgewicht), längs in Scheiben geschnitten

60 ml Olivenöl

Meersalz

1½ EL Balsamico-Essig

1 EL Honig

1 Laib Sauerteigbrot

FÜR DIE HASELNUSS-SKORDALIA

100 g geschälte Haselnüsse

2 große Knoblauchzehen, zerdrückt

1½ EL Zitronensaft

2 TL Rotweinessig

60 ml Olivenöl

1 Blatt roter Blattsalat oder Radicchio, zerpflückt

2 TL Abrieb von einer Bio-Zitrone

ERGIBT 4 PORTIONEN

1. Die Auberginenscheiben auf beiden Seiten mit 2 EL Öl bestreichen und salzen. Eine Grillpfanne bei mittlerer bis hoher Hitze erwärmen. Auberginen einlegen und ca. 3 Minuten auf jeder Seite weich braten. (Alternativ kann man sie unter dem vorgeheizten Griller im Backofen grillen.) In eine mittlere Schüssel geben, Essig und Honig zugeben und vermengen.

2. Die Enden vom Brot abschneiden und für die Skordalia aufbewahren. Das restliche Brot in 8 dicke Scheiben schneiden und beide Seiten mit dem restlichen 2 EL Öl bestreichen. Brot in der vorgewärmten Grillpfanne ca. 2 Minuten auf jeder Seite rösten, bis sich Streifen zeigen. (Alternativ das Brot unter dem Griller toasten.)

3. Für die Skordalia den Backofen auf 180 °C vorheizen. Haselnüsse auf einem Backblech mit Rand verteilen und ca. 8 Minuten im Ofen goldbraun rösten; auskühlen lassen. Ein Drittel davon zum Garnieren beiseitestellen. Die restlichen Haselnüsse in einer Küchenmaschine fein hacken. Das beiseite gestellte Brot zugeben und nochmals pürieren. Knoblauch, Zitronensaft, Essig, Öl und 180 ml Wasser zugeben und abermals mixen. Nach Geschmack mit Salz würzen.

4. Jeden Sauerteig-Toast großzügig mit Skordalia bestreichen. Mit Auberginenscheiben, Salatblättern, den restlichen Haselnüssen und Zitronenabrieb belegen. Sofort servieren.

Rezeptanmerkung

Man kann nach Wunsch Zucchini statt Auberginen und Walnüsse statt Mandeln verwenden. Für mundgerechte Bissen nehmen Sie geschnittenes Sauerteig-Baguette für die Toasts und schneiden die Aubergine in kleinere Stücke. Skordalia kann man bis zu 1 Woche im Voraus machen und gut zugedeckt kühl aufbewahren.

EDAMAME & AVOCADO-QUESADILLAS MIT HIMBEER-SALSA

Als schnelles Abendessen sind Quesadillas meist mit Käse gefüllt. Diese Version mit dem cremigen Avocado-Edamame-Püree liefert dieselbe Befriedigung wie mexikanisches Essen mit Milchprodukten. Statt sie mit Salsa aus dem Glas zu servieren, probieren Sie als Sommerüberraschung die einfache Himbeer-Minze-Salsa. Edamame ist eine eiweißreiche grüne Sojabohne, die ausgelöst und tiefgekühlt als Alternative zu Fleisch erhältlich ist.

FÜR DIE HIMBEER-SALSA

225 g Himbeeren

1 große Fresno- oder Jalapeño-Chilischote, entkernt und fein gehackt

20 g frische Minze, gehackt

20 g Frühlingszwiebel, fein gehackt

1 TL Bio-Rohrzucker

Meersalz

170 g ausgelöste TK-Edamame, aufgetaut

2 Knoblauchzehen

20 g frischer Koriander, gehackt

1 große reife Avocado, entkernt und geschält

4 Vollweizen-Tortillas (23 cm Durchmesser)

ERGIBT 2 PORTIONEN

1. Für die Salsa Himbeeren in eine mittlere Schüssel geben. Chili, Minze, Frühlingszwiebel, Zucker und ½ TL Salz zugeben und vorsichtig unterrühren. Beiseitestellen.

2. In einem Standmixer Edamame, Knoblauch und Koriander fein pürieren. Avocado und ¾ TL Salz zugeben und nochmals pürieren.

3. Die Edamame-Mischung in eine mittlere Schale raspeln. 2 Tortillas auf ein Schneidebrett legen und jeweils die Hälfte des Pürees darauf verteilen. Die restlichen 2 Tortillas auf die Fülle legen und leicht andrücken.

4. Eine große Pfanne bei mittlerer bis hoher Hitze ca. 2 Minuten sehr heiß werden lassen. Eine Quesadilla vorsichtig in die Pfanne gleiten lassen und ca. 1 Minute erwärmen, dabei mit einem Pfannenwender die Unterseite kontrollieren. Sobald sie beginnt, braun zu werden, wenden und 1 weitere Minute erhitzen.

5. Die Quesadilla auf ein Schneidebrett gleiten lassen und mit einem scharfen Messer in 6 Tortenstücke schneiden. Mit der zweiten Quesadilla gleich verfahren. Die Quesadillas sofort servieren und die Salsa separat dau reichen.

SEITAN-GEMÜSE-PFANNE MIT SCHWARZER BOHNENSAUCE

Dieses bunte vegetarische Gericht ist in wenigen Minuten zubereitet. Zäher Seitan aus gekochten Weizengluten ersetzt das Fleisch und die umamireiche Sauce aus schwarzen Bohnen und Knoblauch ergibt eine schnelle, äußerst aromatische Würzsauce. Pak Choi zeigt in diesem Gericht seine wunderbar knackige, authentische Präsenz, aber sollte er nicht erhältlich sein, kann man ihn auch durch Baby-Brokkoli ersetzen.

3 EL Schwarze-Bohnen-Knoblauch-Sauce

2 EL chinesischer Reiswein oder trockener Sherry

1 EL Sojasauce

2 TL Maisstärke

2 EL Rapsöl

225 g Seitan, abgegossen und in dünne Scheiben geschnitten

1 EL frischer Ingwer, geschält und fein gehackt

2 große Köpfe Baby-Pak-Choi, weiße Stängel in 2,5 cm große Stücke geschnitten, Grün im Ganzen

1 kleine rote Paprikaschote, entkernt und in Streifen geschnitten

115 g Shiitake-Pilze, Stängel entfernt, Kappen in Scheiben geschnitten

gedämpfter Reis, zum Servieren

ERGIBT 4 PORTIONEN

1. In einer kleinen Schüssel Schwarze-Bohnen-Knoblauch-Sauce, Reiswein, Sojasauce, Maisstärke und 2 EL Wasser verrühren; beiseitestellen.

2. In einem Wok oder einer großen Pfanne 1 EL Öl bei hoher Hitze erwärmen. Kurz bevor das Öl zu rauchen beginnt, die Seitanscheiben einlegen und ca. 1 Minute braten, bis die Ränder leicht gebräunt sind. In eine Schüssel geben und beiseitestellen. Auf mittlere Hitze reduzieren und den restlichen EL Öl eingießen. Ingwer darin ca. 10 Sekunden braten, bis er duftet. Pak Choi, Paprikaschoten und Pilze zugeben und ca. 2 Minuten zart knackig braten.

3. Den Seitan wieder in den Wok geben, Bohnen-Knoblauch-Mischung einrühren und ca. 1 Minute dick einkochen lassen. Sofort mit dem Reis servieren.

Rezeptanmerkung

Die Sauce aus schwarzen Bohnen und Knoblauch ist ein ideales Gewürz in der vegetarischen Küche, eine sehr kleine Menge fermentierter schwarzer Bohnen ergibt eine Menge Umami. Man kann die Sauce mit Essig und Öl zu einem Dressing für gedämpftes Gemüse oder Eiernudeln oder als Marinade für Tofu verdünnen. Ein offenes Glas hält monatelang im Kühlschrank und ist in Asia-Läden erhältlich.

KICHERERBSEN-SPINAT-KAROTTEN-CURRY

Dieser wohlig warme Eintopf wird mit *Panch Phoron* gewürzt, einer bengalischen Gewürzmischung. Es handelt sich um eine Kombination von gleichen Teilen Samen von Kreuzkümmel, schwarzem Senf, Schwarzkümmel und Fenchel und einem halben Teil Bockshornklee – man kann die Mischung selbst herstellen, sollte man sie in Geschäften nicht finden. Servieren Sie das Curry mit Vollkorn-Naanbrot oder gedämpftem Basmatireis und Chutney.

2 EL Rapsöl

2 TL Panch Phoron

½ gelbe Zwiebel, dünn geschnitten

2 große Karotten, geschält und diagonal in dünn geschnitten

2 EL frischer Ingwer, geschält und fein gehackt

1 EL Knoblauch, fein gehackt

1 Dose geschälte Tomaten (750 g), gehackt

1 Dose Kichererbsen (425 g), abgegossen und abgespült

60 g Babyspinat

Meersalz und frisch gemahlener Pfeffer

ERGIBT 4 PORTIONEN

1. In einer großen Pfanne Öl bei mittlerer Hitze erwärmen. Panch Phoron zugeben und unter Rühren 1 Minute rösten, bis es duftet. Zwiebel und Karotten zugeben und ca. 5 Minuten unter Rühren bräunen. Ingwer und Knoblauch einrühren und ca. 1 Minute mitkochen, bis sie duften.

2. Tomaten und Kichererbsen zugeben und zum Köcheln bringen, gelegentlich umrühren, und ca. 15 Minuten kochen, bis die Karotten weich und die Sauce ein wenig eingedickt ist. Spinat hinzufügen und ca. 5 Minuten dünsten lassen, bis er zusammenfällt. Nach Geschmack mit Salz und Pfeffer würzen. Auf Schalen verteilen und sofort servieren.

Rezeptanmerkung

Hülsenfrüchte verursachen weniger Treibhausgase als andere Ackerpflanzen, deshalb stuft man sie als nachhaltig ein. Sie können auch eigenen Stickstoff aus der Atmosphäre erzeugen, weshalb man weniger Stickstoffdünger anwenden muss. Kichererbsen, Teil der Familie der Hülsenfrüchte, enthalten viel Eiweiß und wenig Fett und sind ein ausgezeichneter Ersatz für Fleisch. Sie enthalten auch viele Nährstoffe, darunter Eisen, Phosphat, Kalzium, Zink und Magnesium. Sie zählen weltweit zu den Grundnahrungsmitteln (Kichererbsen werden außer in Antarktika auf allen Kontinenten angebaut) und sie unendlich vielseitig – sie lassen sich mit vielen Zutaten und Gewürzen kombinieren und auf zahllose Arten verkochen.

SESAM-NUDELN MIT GRÜNE BOHNEN & TOFU

Sesam-Nudeln sind ein klassisches chinesisches Take-away und mit gebackenem Tofu werden sie zu einem vollwertigen Mahl. Wenn Sie einmal gebackenen Tofu zubereitet haben, werden Sie ihn nicht mehr missen wollen. Tofu sollte man als herzhafte Proteinquelle für Suppen, Sandwiches sowie Pfannen- und Nudelgerichte immer zur Hand haben.

340 g extra fester Tofu

2 EL Tamari (60 ml)

1 EL geröstetes Sesamöl

3 EL Tahina

1 EL Reisessig

1 EL Scharfes Sesamöl

1 EL frischer Ingwer, geschält und fein gehackt

4 Knoblauchzehen, zerdrückt

1 TL Bio-Rohrzucker

450 g Vollweizen-Spaghetti

115 g grüne Bohnen, geputzt und in 5 cm große Stücke geschnitten

1 Salatgurke, geschält und in Scheiben geschnitten

4 Frühlingszwiebeln, dünn geschnitten

35 g geröstete und ungesalzene Erdnüsse

ERGIBT 6 PORTIONEN

1. Den Backofen auf 200 °C vorheizen.

2. Tofu abgießen, in ein dickes Küchentuch wickeln und auf einen Teller stellen. Mit einer schweren Pfanne oder einem Schneidebrett ca. 5 Minuten beschweren, um ihn auszupressen. Auswickeln, trocken tupfen und in Würfel schneiden.

3. Tofu auf einem Backblech mit Rand verteilen, mit 2 EL Tamari und Sesamöl beträufeln. Vorsichtig wenden, um alles zu überziehen, und 20 Minuten braten. Mit einem beschichteten Pfannenwender aus Metall wenden und weitere 10 Minuten leicht bräunen. Aus dem Ofen nehmen und warm halten.

4. In einer großen Schüssel die restlichen 60 ml Tamari, Tahina, Essig, heißes Sesamöl, Ingwer, Knoblauch und Zucker zu einer Creme verrühren.

5. Wasser in einem Topf zum Kochen bringen. Spaghetti ins Wasser gleiten lassen und nach Packungsanleitung kochen, 2 Minuten vor Ende der Garzeit grüne Bohnen zugeben. Abgießen.

6. Spaghetti, Bohnen und Tofu zur Tahina-Mischung geben und gut verrühren. Auf einer Servierplatte anrichten, mit Gurke, Frühlingszwiebeln und Erdnüssen garnieren. Sofort servieren.

Rezeptanmerkung

Wenig Zeit? Verwenden Sie vorge-
kochte schwarze Bohnen und Salsa
im Glas, statt alles selbst zu machen.
Sollten Sie keinen tiefe Gusseisenbräter
haben, können Sie die Sopes auch in
einer tiefen, schweren Pfanne frittieren.
Wenn der Masa-Teig zu krümelig ist,
kneten Sie einfach einige
Tropfen Wasser in den
Teig ein.

SCHWARZE-BOHNEN-AVOCADO-SOPES

In Mexiko füllt man frittierte Masa-Küchlein oft mit Hackfleisch. Hier wird ein vegetarisches Medley von überbackenen schwarzen Bohnen, Salsa und Avocado zubereitet. Obwohl sie klein und vegan sind, machen sie ziemlich satt – drei Sopes ergeben eine Mahlzeit. Nach dem ersten Genuss von Masa werden Sie die Sopes immer wieder zubereiten wollen.

Masa-Teig für Sopes (Seite 160)

1 EL extra natives Olivenöl

200 g gelbe Zwiebel, fein gehackt

1½ TL Kreuzkümmelsamen

2 Dosen schwarze Bohnen (à 425 g), abgegossen und abgespült

340 g Tomaten, gewürfelt

20 g frischer Koriander, gehackt

1 Jalapeño-Chilischote, fein gehackt

1 EL Limettensaft

Meersalz

350 ml Rapsöl

60 g Römersalat, fein zerpflückt

2 kleine reife Avocados, entkernt, geschält und in Scheiben oder Würfel geschnitten

ERGIBT 4 PORTIONEN

1. Den Backofen auf 95 °C vorheizen. In der Zwischenzeit den Teig für sie Sope-Schalen zubereiten.

2. In einer Pfanne Olivenöl bei mittlerer bis hoher Hitze erwärmen. 140 g Zwiebel und Kreuzkümmelsamen darin unter gelegentlichem Rühren ca. 2 Minuten leicht bräunen. Bohnen zugeben und mit einem Kartoffelstampfer zerdrücken. 240 ml Wasser zugießen und alles zum Köcheln bringen. Auf niedere Hitze reduzieren und warm halten. In einer Schüssel restliche Zwiebel, Tomaten, Koriander, Jalapeño und Limettensaft verrühren. Bohnen und Salsa nach Geschmack salzen.

3. In einer tiefen Gusseisenpfanne Rapsöl bei mittlerer bis hoher Hitze auf 180 °C (Frittierthermometer) erwärmen. In der Zwischenzeit die Masa-Bällchen zwischen den Handflächen flach drücken und auf Backpapier legen. Mit den Fingern weiter flach drücken, bis sie einen Durchmesser von 7,5 cm haben. Die Ränder nach oben biegen, sodass sich kleine Tarte-Formen bilden. Die fertigen Formen jeweils mit Backpapier zudecken.

4. Wenn das Öl heiß ist, die Masa-Förmchen portionsweise in Dreierchargen 2–3 Minuten frittieren. Die gebackenen Formen auf ein Backblech setzen und im Ofen warm halten, während man die anderen frittiert.

5. Die Bohnenmischung auf die Masa-Förmchen verteilen. Gleichmäßig mit Salsa, Salatblättern und Avocado garnieren. Sofort servieren.

GEBRATENE FALAFEL MIT KREUZKÜMMEL & KNOBLAUCH

Ein Vorrat an getrockneten Kichererbsen garantiert, ein umweltfreundliches, eiweißhaltiges Nahrungsmittel zur Hand zu haben, auch für knusprige Falafel. Eingeweichte und kurz gekochte Kichererbsen sind die Basis für eine angenehme Konsistenz. Legen Sie die geschmackvollen Laibchen aus dem Nahen Osten mit Salatblättern, gehackten Tomaten, einem Klecks Tahina und gehackter frischer Minze in ein warmes rundes Pitabrot. Halten Sie die fertigen Falafeln im auf 95 °C vorgeheizten Backofen warm, während Sie die anderen zubereiten.

300 g getrocknete Kichererbsen

1 gelbe Zwiebel, gehackt

3 Knoblauchzehen, gehackt

30 g frische glatte Petersilie

1 TL Backpulver

1 TL gemahlener Kreuzkümmel

Meersalz

½ TL rote Chiliflocken

1 EL Olivenöl plus mehr, wenn nötig

Pitabrot, Salatblätter, gehackte Tomaten, Tahina und Minze zum Servieren

ERGIBT 4 PORTIONEN

1. Leicht gesalzenes Wasser in einem Topf zum Kochen bringen. Kichererbsen zugeben und ca. 10 Minuten kochen, bis sie weich, aber im Kern noch fest sind. Abgießen und leicht auskühlen lassen.

2. In einer Küchenmaschine Kichererbsen, Zwiebel, Knoblauch und Petersilie grob pürieren. Die Mischung in eine Schüssel geben, Backpulver, Kreuzkümmel, ¾ TL Salz und rote Chiliflocken einrühren. Etwa 1 Stunde kalt stellen.

3. In einer großen beschichteten Pfanne Öl bei mittlerer bis hoher Hitze erwärmen. Mit feuchten Händen je 60 g Kichererbsenmischung zu etwa 7,5 cm großen Laibchen formen. 3 bis 4 Laibchen portionsweise in der Pfanne auf beiden Seiten (einmal wenden) bräunen, 4–6 Minuten insgesamt; mit den restlichen Falafeln gleich verfahren, dabei, wenn nötig, mehr Öl zugießen.

4. Je 1 Falafel in jedes Pitabrot stecken und mit Salatblättern, Tomaten, Tahina und Minze dekorieren.

BROKKOLI-GRÜNKOHL-KICHERERBSEN-FRITTATA

Eine Frittata aus Eiern ist ein altes Rezept für ein leichtes Abendessen; versuchen Sie stattdessen diese Version mit Kichererbsenmehl. Bekannt auch als Besan, ist Kichererbsenmehl eine traditionelle Zutat der indischen Küche. Heute ist es bei glutenfreien und veganen Rezepten stark verbreitet und leicht erhältlich. Umweltfreundliche, gesunde Kichererbsen werden zu einem köstlichen Ersatz für Eier, indem man das Mehl mit Wasser mischt. Kala Namak (schwarzes Himalaya-Salz) aus Südasien sorgt für den Ei-Geschmack.

1 EL extra natives Olivenöl

115 g gelbe Zwiebel, gehackt

225 g Brokkoli, gehackt

115 g Grünkohl, Stängel entfernt, Blätter gehackt

Meersalz

130 g Kichererbsenmehl,

1 EL Tomatenmark

1 TL Kala Namak

½ TL gemahlene Kurkuma

frisch gemahlener Pfeffer

ERGIBT 6 PORTIONEN

1. Den Backofen auf 190 °C vorheizen. Mit 1 TL Öl eine tiefe Auflaufform befetten.

2. Eine große trockene Pfanne bei mittlerer bis hoher Hitze erwärmen und das restliche Öl, Zwiebel und Brokkoli zugeben. Ca. 4 Minuten braten, dabei umrühren und auf mittlere Hitze reduzieren, sobald das Gemüse zu brutzeln beginnt. Vom Herd nehmen und Grünkohl und ½ TL Salz hinzufügen. Stehen lassen, bis der Grünkohl zusammenfällt.

3. In einer mittleren Schüssel Kichererbsenmehl und 350 ml Wasser cremig rühren. Tomatenmark, Kala Namak, Kurkuma und ½ TL Pfeffer einrühren. Gekochtes Gemüse mit der Kichererbsen-Mischung verrühren, dann alles in die Auflaufform füllen.

4. Ca. 45 Minuten backen, bis die Oberfläche aufplatzt und sich fest anfühlt, wenn man sie drückt. 5 Minuten in der Form auf einem Gitterrost auskühlen lassen, danach in 6 Spalten schneiden. Sofort servieren. Luftdicht verschlossen hält die Frittata im Kühlschrank bis zu 4 Tage.

CREMIGE PASTA PRIMAVERA MIT CASHEW-NÜSSEN

Wenn Sie auf cremige Pasta Lust haben, wird Sie die Sauce auf Basis von Cashew-Nüssen begeistern. Verwenden Sie ungesüßten Milchersatz nach Wahl und erzeugen Sie Umami und Käsearoma mit Miso und Nährhefe. Vollkorn-Pasta ist am gesündesten, weil Hülle und Keim die Verdauung verlangsamen und Sie länger satt bleiben.

140 g Cashewnüsse, über Nacht eingeweicht

120 ml Gemüsebrühe, plus mehr, wenn nötig

120 ml ungesüßter Milchersatz

1 EL weißes Miso

1 EL Nährhefe (optional)

1 EL extra natives Olivenöl

1 große gelbe Zwiebel, gehackt

2 Knoblauchzehen, gehackt

120 ml trockener Weißwein

Meersalz und frisch gemahlener Pfeffer

225 g Vollweizen-Fettuccine

450 g Spargel, holzige Enden abgeschnitten, Stangen in 5 cm große Stücke geschnitten

2 große Karotten (140 g Gesamtgewicht), geschält und gewürfelt oder in Julienne geschnitten

115 g Blumenkohlröschen

90 g TK-Erbsen

85 g Cocktail-Tomaten, halbiert

10 g frische glatte Petersilie, gehackt

1. Die Cashew-Nüsse abgießen und in einer Küchenmaschine oder einem Standmixer pürieren. Brühe, Milchersatz, Miso und Nährhefe (wenn gewünscht) zugeben und pürieren. Beiseitestellen.

2. In einer großen Pfanne Öl bei mittlerer Hitze erwärmen. Zwiebel zugeben, Hitze reduzieren und ca. 30 Minuten unter Rühren goldbraun und sehr weich garen. Knoblauch darin ca. 5 Minuten unter gelegentlichem Rühren braten, bis er duftet. Die Zwiebelmischung in den Mixer zur Cashew-Mischung geben und sehr fein pürieren. Wein zugießen und nochmals mixen. Nach Geschmack mit Salz und Pfeffer würzen.

3. Salzwasser in einem großen Topf zum Kochen bringen. Fettuccine darin nach Packungsanleitung kochen, dabei 2 Minuten vor Ende der Kochzeit Spargel, Karotten, Blumenkohl, Erbsen und Tomaten zugeben. Abgießen.

4. Den Inhalt des Mixers im leeren Pastatopf bei mittlerer Hitze erwärmen, umrühren. Heiße Pasta und Gemüse zugeben, umrühren und, wenn die Sauce zu dünn erscheint, noch einige Minuten eindicken lassen; wenn die Sauce zu dick erscheint, ein wenig Brühe oder Wasser löffelweise zugeben, bis die gewünschte Konsistenz erreicht ist. Mit Petersilie bestreuen und sofort servieren.

> ERGIBT 4–6 PORTIONEN

GEBRATENER REIS AUS RESTEN MIT SEITAN & ERDNÜSSEN

Eine klassische Art, Reste zu verwerten, ist der beliebte gebratene Reis, den man auf Speisekarten von Restaurants in aller Welt findet. Man mischt gekochte Reiskörner jeder Art in einer heißen Pfanne mit Gemüse, Eiweiß und Gewürzen und kreiert so ein appetitanregendes Gericht. Verwenden Sie Vollkornprodukte wegen der Ballast- und Mineralstoffe und kochen Sie mehr, sodass Sie am nächsten Tag noch ein köstliches Gericht wie dieses zaubern.

150 g gekochtes Getreide (wie brauner Reis oder Quinoa), ausgekühlt

1 EL frischer Ingwer, geschält und gehackt

2 Knoblauchzehen, gehackt

2 EL Sojasauce

2 EL Tahina

2 EL Reisessig

1 TL geröstetes Sesamöl

1 EL Avocadoöl

1 kleine gelbe Zwiebel, gehackt

115 g Brokkoliröschen

½ große rote Paprikaschoten, entkernt und in Streifen geschnitten

285 g Seitan oder Mock Duck, in mundgerechte Stücke geschnitten

4 Frühlingszwiebeln, in 2,5 cm große Stücke geschnitten

90 g geröstete, ungesalzene Erdnüsse, grob gehackt

ERGIBT 4 PORTIONEN

1. Die Vollkornreste auf Raumtemperatur kommen lassen und etwaige Klumpen mit den Fingern zerkrümeln. In einer kleinen Schüssel Ingwer, Knoblauch, Sojasauce, Tahina, Essig und Sesamöl verrühren und beiseitestellen.

2. In einem Wok oder einer großen Pfanne Avocadoöl bei mittlerer bis hoher Hitze heiß werden lassen, schwenken, sodass die ganze Pfanne damit bedeckt ist. Zwiebel, Brokkoli und Paprika-schoten zugeben und ca. 2 Minuten zart knusprig frittieren. Den Seitan untermengen und ca. 2 Minuten braten, bis er beginnt zu bräunen. Vollkornreste zugeben und mit der Tahina-Mischung beträufeln. Umrühren und alles ca. 2 Minuten gut erwärmen, bis die Mischung trocken aussieht. Frühlingszwiebeln unterrühren, mit Erdnüssen bestreuen und sofort servieren.

ÜBERBACKENER GERSTEN-LINSEN-PILAW MIT AUBERGINEN

Bei diesem überbackenen Pilaw bringt die geringe Ofenhitze die Auberginen zur Perfektion, während sie mit Gerste und Linsen köcheln. Nehmen Sie schwarze, französische oder Belugalinsen für das Gericht – kleine und runde Varianten behalten beim Kochen die Form. Gerste und Linsen sind gesund fürs Herz, senken das Cholesterin und helfen beim Abnehmen.

2 EL extra natives Olivenöl

1 große gelbe Zwiebel, gehackt

2 Knoblauchzehen, gehackt

1 runde Aubergine (ca. 300 g), geschält und gehackt

1 große Pflaumentomate, gehackt

1 TL getrockneter Thymian

1 TL getrockneter Oregano

½ TL gemahlene Kurkuma,

200 g Rollgerste, abgespült und abgegossen

200 g getrocknete schwarze Linsen, abgespült und abgegossen

120 ml trockener Weißwein

Meersalz

20 g frische glatte Petersilie, gehackt

ERGIBT 6 PORTIONEN

1. Den Backofen auf 180 °C vorheizen.

2. In einem hitzebeständigen Bräter (3 l) Öl bei mittlerer bis hoher Hitze erwärmen. Zwiebel zugeben, auf mittlere bis niedere Hitze reduzieren, sobald sie zu brutzeln beginnen, gelegentlich umrühren und ca. 5 Minuten weich werden lassen. Knoblauch darin ca. 1 Minute braten, bis er duftet. Auberginen und Tomaten zugeben und umrühren, um sie mit Öl zu überziehen. Ca. 2 Minuten unter gelegentlichem Rühren weich kochen.

3. Thymian, Oregano und Kurkuma für einige Sekunden einrühren, dann Gerste, Linsen, Wein, 825 ml Wasser und ½ TL Salz zugeben. Zudecken und in den Ofen schieben.

4. Etwa 1½ Stunden kochen, bis die ganze Flüssigkeit aufgenommen ist, dabei nach der Hälfte der Garzeit umrühren. Petersilie unterrühren und sofort servieren.

TACOS MIT BLUMENKOHL & KÜRBISKERNEN

Der einst gering geschätzte Blumenkohl hat in der Gemüsewelt seinen Platz erobert. Fest genug, um Fleisch zu ersetzen, paart sich sein milder Geschmack gut mit Gewürzen und Kräutern. *Pepitas* stammen von einem großen Kürbis, den man wegen seiner schalenlosen Kerne anbaut. Er unterscheidet sich stark vom Halloween-Kürbis, braucht weniger Wasser als die meisten Arten und enthält Eiweiß, gesunde Fette und viele Vitamine und Mineralstoffe.

115 g Kürbiskerne (Pepitas)

115 g Blumenkohlröschen

2 Pflaumentomaten, gehackt

1 große Jalapeño-Chilischote, entkernt

3 Knoblauchzehen, gehackt

1 EL Olivenöl

½ TL getrockneter Salbei

½ TL Chilipulver

1 EL Tamari

Meersalz

8 Mais-Tortillas

1 reife Avocado, entkernt, geschält, und in Würfel geschnitten

Saft von ½ Limette

pikante Sauce zum Servieren (optional)

ERGIBT 4 PORTIONEN

1. Die Kürbiskerne in einer Küchenmaschine fein pürieren; in eine kleine Schüssel geben und beiseitestellen. Blumenkohl, die Hälfte der Tomaten, Jalapeño und Knoblauch in die Küchenmaschine geben und ebenfalls pürieren.

2. In einer großen Pfanne Öl bei mittlerer bis hoher Hitze erwärmen. Kürbiskerne darin ca. 3 Minuten rösten, dabei umrühren. Die Blumenkohl-Mischung zu den Kürbiskernen geben und ca. 8 Minuten bräunen. Salbei, Chipotle-Chilipulver, Tamari und ½ TL Salz einrühren und 1–2 Minuten weiter kochen, bis keine Flüssigkeit mehr vorhanden ist. In eine Schüssel geben.

3. In einer anderen Schüssel die restlichen Tomaten, Avocado, Limettensaft und eine Prise Salz verrühren.

4. Die Tortillas mit Küchenpapier umwickeln und in der Mikrowelle 2 Minuten aufwärmen oder jede Tortilla einzeln in einer Gusseisenpfanne bei mittlerer Hitze ca. 1 Minute erwärmen, dabei alle paar Sekunden wenden.

5. Die Fülle gleichmäßig auf die Tortillas verteilen und mit Avocado-Salsa und eventuell einem Spritzer pikanter Sauce garnieren. Sofort servieren.

ROTE-BEETE-HUMMUS MIT PIKANTEN TOASTS & CASHEW-CREME

Hummus, der allgegenwärtige Dip aus Kichererbsen, Tahina und Zitrone, kann man mit der Zugabe von buntem Gemüse wie Roter Beete noch interessanter machen. Kichererbsen und Tahina liefern viel Eiweiß, Ballaststoffe, Kalzium und Mineralstoffe und Rote Beete bringt ihre eigenen wichtigen Vitamine und Mineralstoffe mit. Verwenden Sie für die Toasts einen Tag altes Brot, so verhindern Sie zusätzlich noch Verschwendung.

FÜR DAS ROTE-BEETE-HUMMUS

225 g Rote Beete, geputzt

1 Dose Kichererbsen (425 g), abgegossen und abgespült

2 Knoblauchzehen, gehackt

140 g Tahina

120 ml Zitronensaft

1 TL geräuchertes Paprikapulver

Meersalz

FÜR DIE ERDNUSS-CREME

140 g Cashew-Nüsse, über Nacht eingeweicht

Meersalz

Zugaben wie gehackter Knoblauch, Nährhefe oder fein gehackte frische glatte Petersilie (optional)

Pikante Toast-Ecken (Seite 161), zum Servieren

1 Salatgurke, geviertelt, zum Servieren

ERGIBT 6 PORTIONEN

1. Für den Hummus die Rote Beete schälen und in Würfel schneiden. In einem Dampfeinsatz ca. 10 Minuten sehr weich dünsten. Abgießen und leicht abkühlen lassen.

2. Die Rote Beete in einer Küchenmaschine pürieren. Kichererbsen und Knoblauch zugeben und nochmals pürieren, wenn nötig, das Gemüse nach unten schaben. Tahina hinzufügen und alles zu einer dicken, cremigen Paste verarbeiten. Zitronensaft, geräuchertes Paprikapulver und 1 TL Salz zugeben und gut einarbeiten. In eine Servierschüssel oder einen Vorratsbehälter geben. Zudecken und bis zum Servieren kalt stellen.

3. Für die Cashew-Creme die Cashew-Nüsse abgießen und in einem starken Standmixer oder einer Küchenmaschine mit 120 ml Wasser und ½ TL Salz sehr fein pürieren, dabei, wenn nötig, nach unten schaben. Sobald die Creme glatt ist, Zugaben nach Geschmack einrühren.

4. Auf einzelnen Salattellern anrichten. Etwa 115 g Hummus in die Mitte auf jeden Teller löffeln, mit ca. 3 EL Cashew-Creme garnieren. Mit dem Löffelrücken eine Spirale durchziehen und, wenn gewünscht, mit Öl beträufeln. 4 Toasts und einige Gurkenscheiben an den Tellerrand legen und sofort servieren.

TOFU & WURZELGEMÜSE AUS DEM OFEN MIT PETERSILIENPESTO

Ofengerichte sind ein leicht zubereitetes, komplettes Essen. Tofu und Gemüse eignen sich perfekt für ein Backblech – sie saugen sich beim Rösten mit den Gewürzen voll. Tofu aus Sojabohnen ist eine umweltfreundliche Eiweißquelle. Wie alle Hülsenfrüchte binden Sojabohnen Stickstoff im Boden, deshalb brauchen sie weniger chemischen Dünger.

340 g extra fester Tofu

2 EL extra natives Olivenöl

½ TL Paprikapulver

Meersalz

285 g Süßkartoffel, geschält und in Würfel oder Spalten geschnitten

225 g Pastinaken, geschält und gehackt

250 g Rüben, gewürfelt

2 EL frischer Rosmarin, gehackt

FÜR DAS PESTO

30 g frische glatte Petersilie

2 Knoblauchzehen, gehackt

35 g Pinienkerne oder Cashewnüsse (gehackt)

Meersalz

1 EL Zitronensaft

3 EL extra natives Olivenöl

ERGIBT 4–6 PORTIONEN

1. Den Backofen auf 200 °C vorheizen. 2 Backbleche mit Rand vorbereiten.

2. Den Tofu abgießen, in ein dickes Küchentuch wickeln und auf einen Teller stellen. Mit einer schweren Pfanne oder einem Schneidebrett ca. 5 Minuten beschweren, um ihn auszupressen. Auswickeln, trocken tupfen und in 2 cm große Würfel schneiden.

3. Die Tofuwürfel auf einem Backblech verteilen. Mit 1 EL Öl beträufeln und mit Paprikapulver und ½ TL Salz bestreuen. Vorsichtig wenden, bis alles überzogen ist und gleichmäßig verteilen.

4. Süßkartoffeln, Pastinaken und Rüben auf ein zweites Backblech geben. Rosmarin, ½ TL Salz und den restlichen 1 EL Öl zugeben. Wenden, bis alles überzogen ist, und gleichmäßig verteilen. Das Blech mit Alufolie oder einem anderen Blech vollständig zudecken, um den Dampf nicht entweichen zu lassen.

5. Beide Bleche 20 Minuten im Ofen lassen. Mit einem beschichteten Pfannenwender aus Metall den Tofu wenden und für weitere 10 Minuten dämpfen. Das Gemüse umrühren; es sollte gar und zart sein. Wieder in den Ofen schieben und offen weitere 10 Minuten leicht bräunen lassen. Mit dem Pfannenwender den Belag von beiden Blechen in eine Servierschüssel geben und alles kurz vermengen.

6. In der Zwischenzeit für das Pesto in einer Küchenmaschine Petersilie, Knoblauch, Pinienkerne und ½ TL Salz zu einer weichen Paste pürieren; wenn nötig, die Masse zwischendurch nach unten schaben. Zitronensaft einrühren, dann Öl zugeben und nochmals pürieren. In eine kleine Schüssel geben.

7. Das Röstgemüse mit dem Pesto garniert warm servieren.

KROKETTEN AUS SCHWARZAUGEN-BOHNEN MIT REMOULADENSAUCE

Schwarzaugenbohnen sind im Süden Amerikas beliebt, werden aber weltweit seit Jahrhunderten genossen, sogar in Desserts. Die Hülsenfrüchte sind reich an Folsäure, Eisen, Mineralstoffen und Eiweiß und sind eine ökonomische und geschmackvolle Art, viele Leute zu verkösten. Die knusprigen Küchlein mit pikanter Dip-Sauce sind ein unwiderstehliches Gericht.

200 g getrocknete Schwarzaugenbohnen, über Nacht in Wasser eingeweicht und abgegossen

285 g Kartoffeln, in Würfel geschnitten

1 EL Leinsamenschrot

1 TL getrockneter Thymian

½ TL Paprika

Meersalz

2 EL frische glatte Petersilie, gehackt

80 g Pankomehl oder Kartoffelflocken

1 EL Olivenöl, plus mehr, wenn nötig

Remouladensauce (Seite 159)

ERGIBT 4 PORTIONEN

1. Schwarzaugenbohnen, Kartoffeln und 950 ml Wasser in einem großen Topf zum Kochen bringen. Hitze reduzieren und ca. 45 Minuten köcheln lassen, bis die Bohnen und Kartoffeln weich sind. Abgießen.

2. Die Hälfte der Bohnenmischung in einer Küchenmaschine mit Leinsamenschrot, Thymian, Paprikapulver und ½ TL Salz grob pürieren, dann die restliche Bohnenmischung und Petersilie zugeben und nochmals pürieren. In eine große Schüssel geben und 50 g Pankomehl einrühren. Das restliche Pankomehl in eine mittlere Schüssel geben.

3. Eine große Platte oder einen Behälter für die geformten Kroketten vorbereiten. Etwa 120 ml der Bohnenmasse abmessen und in das Pankomehl geben, wenden und leicht andrücken, um sie auf 2 cm abzuflachen. Auf den Teller oder in den Behälter geben. Zudecken und bis zu 24 Stunden kalt stellen (aber mindestens 1 Stunde).

4. Einen großen Teller mit Küchenpapier auslegen. Eine große Pfanne bei mittlerer bis hoher Hitze 1 Minute erhitzen, dann Öl eingießen. Die Hälfte der Kroketten ins heiße Öl gleiten lassen und 3–4 Minuten auf jeder Seite goldbraun braten, dabei auf mittlere Hitze reduzieren, sobald sie zu brutzeln beginnen. Auf dem Küchenpapier das Fett abtropfen lassen. Mit den restlichen Kroketten gleich verfahren, wenn nötig mehr Öl zugießen. Mit der Remouladensauce sofort servieren.

PILZ-WALNUSS-BRATEN MIT KRÄUTERSTREUSEL

Hackbraten ist für viele Menschen ein Wohlfühlgericht. Auch diese Version wird Sie in jeder Hinsicht zufriedenstellen. Gemahlene Walnüsse, Sonnenblumenkerne, Kürbiskerne und Haferflocken kombiniert mit gehackten Pilzen ergeben eine Fleisch ähnliche Konsistenz. Samen sind nahrhaft, umweltfreundlich und günstig und vertiefen den Geschmack.

1 gelbe Zwiebel, geschält

1 EL Olivenöl

225 g weiße Champignons, geputzt und grob gehackt

3 Knoblauchzehen, gehackt

90 g Haferflocken

115 g Walnüsse

Je 60 g Sonnenblumenkerne und Kürbiskerne (Pepitas)

1 Dose schwarze Bohnen (425 g), abgegossen und abgespült

25 g Leinsamenschrot

2 EL Tamari

2 EL Tomatenmark

1 EL Dijon-Senf

1 TL getrockneter Thymian

1 TL getrockneter Salbei

frisch gemahlener Pfeffer

FÜR DEN STREUSEL

3 EL Haferflocken

1 EL Vollweizenmehl

1 TL getrockneter Oregano

Meersalz

2 TL Avocadoöl

1. Den Backofen auf 190 °C vorheizen. Eine 23 x 13 x 7,5 cm große Auflaufform mit Öl befetten.

2. Zwiebel in einer Küchenmaschine hacken. Olivenöl in einer großen Pfanne bei mittlerer bis hoher Hitze erwärmen. Zwiebel darin ca. 5 Minuten braten, dabei gelegentlich umrühren. Pilze ebenfalls in der Küchenmaschine hacken und in die Pfanne geben. Ca. 5 Minuten braten, bis die Pilze gebräunt sind und die Pfanne fast trocken ist. Knoblauch zugeben und ca. 1 Minute unter Rühren mitbraten, bis er duftet. Die Pilzmischung in eine große Schüssel geben und auskühlen lassen.

3. Die Küchenmaschine säubern. Haferflocken, Walnüsse, Sonnenblumen- und Kürbiskerne zugeben und zur Konsistenz von Hackfleisch pürieren. Die Bohnen zugeben und grob mixen, sodass die Bohnen zerhackt, aber nicht püriert sind.

4. Die Bohnenmischung in die Schüssel mit den Pilzen geben. Tamari, Leinsamenschrot, Tomatenmark, Senf, Thymian, Salbei und ½ TL Pfeffer zugeben. Mit den Händen gut verkneten, in die Auflaufform drücken und die Oberfläche glatt streichen.

5. Für die Streusel in einer kleinen Schüssel Haferflocken, Mehl, Oregano, ¼ TL Salz und Avocadoöl vermengen. Über den Braten streuen und leicht andrücken, damit die Streusel haften bleiben.

6. Ca. 45 Minuten goldbraun braten, bis sich der Braten fest anfühlt, wenn man daraufdrückt. Vor dem Schneiden und Servieren 10 Minuten in der Form auskühlen lassen. Luftdicht verschlossen kann man den Braten im Kühlschrank bis zu 4 Tage aufbewahren.

ERGIBT 8 PORTIONEN

STRUDEL MIT RÖSTGEMÜSE, HASELNÜSSEN & KRÄUTERN

Zu den Feiertagen suchen Köche nach einem Gericht, das man in die Tischmitte stellt. Der gerollte, blättrige Strudel mit der attraktiven Filoteigkruste und dem zarten, reichlich karamellisierten Gemüse entspricht ganz den Erwartungen. Haselnüsse, die wenig Wasser zum Wachsen brauchen, sorgen für Knusprigkeit und Proteine. Mit Olivenöl bekommt man eine zarte Kruste; man kann es aber durch Kokosfett ersetzen, das macht die Kruste knuspriger.

3 El Olivenöl

3 große gelbe Zwiebeln, gehackt

2 Pastinaken, geschält und gewürfelt

1 Butternuss-Kürbis, entkernt und in Würfel geschnitten

1 große Rübe, geviertelt oder in Würfel geschnitten

1 EL frischer Salbei, gehackt

1 EL frischer Thymian, gehackt

Meersalz und frisch gemahlener Pfeffer

20 g frische glatte Petersilie, gehackt

70 g Haselnüsse, geschält, geröstet und grob gehackt

FÜR DEN STRUDEL

60 ml Olivenöl oder geschmolzenes Kokosfett

6 Blätter Filoteig, aufgetaut

ERGIBT 4–6 PORTIONEN

1. Eine oder zwei Stunden, bevor man den Strudel zubereitet, in einer großen Pfanne 2 EL Öl bei mittlerer Hitze erwärmen. Zwiebeln zugeben und zum Brutzeln bringen, dann auf niedere bis mittlere Hitze reduzieren und 45–60 Minuten dünsten, bis die Zwiebeln sehr weich und karamellbraun sind. Dabei alle 10 Minuten umrühren.

2. Den Backofen auf 200 °C vorheizen.

3. Pastinaken, Kürbis und Rübe auf einem großen Backblech mit dem restlichen 1 EL Öl beträufeln. Salbei, Thymian, 1 TL Salz und ½ TL Pfeffer zugeben und gut vermengen. Das Blech mit Alufolie oder einem zweiten Blech komplett zudecken und das Gemüse 25 Minuten rösten. Umrühren, dann noch weitere 20 Minuten oder länger rösten, bis das Gemüse zart und leicht gebräunt ist. Auf Raumtemperatur abkühlen lassen, Petersilie und Haselnüsse unterrühren. Beiseitestellen.

4. Für den Strudel mit einem Backpinsel eine Backform oder ein Backblech mit Rand mit Öl bestreichen. Ein Blatt vom Filoteig darauflegen und ebenfalls mit Öl bestreichen. Ein zweites Blatt darauflegen und den Vorgang wiederholen, bis alle 6 Blätter befettet aufeinanderliegen. *

Siehe nächste Seite

4. Die Gemüsefülle in die Mitte des Teiges legen und mit einem Spatel ein ca. 25 x 15 cm großes Rechteck bilden. An den Rändern jeweils ca. 10 cm Platz lassen. Die Fülle gleichmäßig verteilen, dann zuerst die schmalen, danach die langen Seiten nach innen falten und den Strudel vorsichtig umdrehen. Die Oberfläche mit Öl bestreichen Öl. Mit einem Pariermesser 6 Schlitze in die Oberfläche schneiden, damit der Dampf entweichen kann.

5. Ca. 25 Minuten goldbraun backen. Warm servieren.

Rezeptanmerkung

Lassen Sie den Filoteig immer über Nacht oder zumindest 4 Stunden lang auftauen, andernfalls kann er brüchig oder feucht werden. Für dieses Rezept verwenden wir die Standardgröße von 45 x 35 cm, bei kleineren Blättern, lassen Sie einfach zwei überlappen, um auf dieselbe Größe zu kommen.

SÜSSKARTOFFEL-FRITTEN MIT LINSEN-KNOBLAUCH-HUMMUS

Jeder mag Fritten, warum also nicht diese bunte Süßkartoffel-Version, reich an Ballaststoffen und Antioxidantien? Mit nussigem Hummus aus roten Linsen und Knoblauch statt Ketchup haben die Fritten genug Proteine, um als richtige Mahlzeit zu gelten. Rote Linsen variieren in Größe und Kochzeit, stellen Sie also sicher, dass sie zart, aber nicht zerkocht sind.

FÜR DEN HUMMUS

200 g getrocknete rote Linsen, verlesen und abgespült

6 Knoblauchzehen

140 g Tahina

Meersalz

6 EL Zitronensaft

FÜR DIE FRITTEN

1 große Süßkartoffel, in 12 mm breite Streifen geschnitten

2 EL Olivenöl

1 TL Paprika

Grobes Salz

ERGIBT 4–6 PORTIONEN

1. Für den Hummus in einem kleinen Topf Linsen, Knoblauch und 475 ml Wasser bei großer Hitze zum Kochen bringen. Hitze reduzieren, sodass das Wasser nur mehr köchelt, und die Linsen 15-20 Minuten sehr weich kochen. Durch ein Sieb abgießen; nicht abspülen.

2. Linsen und Knoblauch in einer Küchenmaschine zu einer feinen Paste pürieren, dabei das Gemüse nach unten schaben. Tahina und ¾ TL Meersalz zugeben und fein pürieren. Zitronensaft einrühren. In eine Schüssel oder einen Behälter geben.

   Für die Fritten den Backofen auf 200 °C vorheizen.

3. Süßkartoffelstreifen auf ein Backblech mit Rand legen, mit Öl

4. beträufeln, mit Paprikapulver und ½ TL grobem Salz bestreuen und alles gut vermischen. Ca. 20 Minuten weich rösten, sodass man sie mit einem Messer leicht einstechen kann. Leicht auskühlen lassen und mit dem Hummus servieren.

Rezeptanmerkung

In den Regalen der Supermärkte findet man unzählige Sorten, aber nichts geht über hausgemachten Hummus. Außerdem ist er leicht zuzubereiten! Kichererbsen, eine billige Eiweißquelle, sind die Basis für klassischen Hummus, aber es gibt zahllose Varianten: Rote Beete, Linsen und Süßkartoffeln sind drei beliebte Alternativen.

TEMPEH-KOTELETTS IN KRÄUTERSAUCE MIT KAPERN

Tempeh wird oft mit indonesischen oder asiatischen Aromen zubereitet, aber es schmeckt mit anderen Gewürzen genauso gut. In diesem französisch inspirierten Gericht wird eine dünne Scheibe Tempeh wie ein Hähnchen-Paillard behandelt und mit einer Sauce aus Tomaten und Basilikum serviert. Genießen Sie das Gericht mit Reis oder Nudeln und es schadet auch nicht, dass das Bio-Soja Ihren CO_2-Fußabdruck verringert.

225 g Tempeh

180 ml trockener Weißwein

2 Knoblauchzehen, zerdrückt

1 EL Herbes de Provence

Meersalz und frisch gemahlener Pfeffer

170 g Cherry-Tomaten, halbiert

30 g grüne Oliven, entkernt und halbiert

2 EL Kapern, abgegossen und abgespült

1 EL Tomatenmark

1 Prise Bio-Rohrzucker

1 EL extra natives Olivenöl

20 g frisches Basilikum, gehackt, plus Zweige zum Garnieren (optional)

ERGIBT 2 PORTIONEN

1. Mit einem scharfen Küchenmesser Tempeh in 2 dünne Scheiben scheiben und in eine Keramik- oder Edelstahlschüssel legen, die groß genug für beide Stücke ist. In einem kleinen Topf Wein, Knoblauch, Herbes de Provence, ½ TL Salz und frisch gemahlenen Pfeffer bei großer Hitze zum Kochen bringen. Über das Tempeh gießen und zudecken. Über Nacht kalt stellen.

2. In einer mittleren Schüssel Tomaten, Oliven, Kapern, Tomatenmark, ¼ TL Salz und eine Prise Zucker vermengen.

3. Mariniertes Tempeh aus dem Kühlschrank nehmen. Scheiben aus der Marinade nehmen und auf einen Teller legen, die Marinade aufbewahren.

4. In einer großen Pfanne Öl bei mittlerer bis hoher Hitze erwärmen. Tempeh-Scheiben einlegen und ca. 2 Minuten auf jeder Seite bräunen. Auf einen Teller legen. Die Marinade in der Pfanne zum Kochen bringen, die Tomatenmischung zugeben und ca. 5 Minuten kochen, bis die Tomaten weich sind und die Pfanne fast trocken ist. Das Basilikum knapp vor dem Servieren unterrühren.

5. Je ein Tempeh-Kotelett auf einen Teller legen und mit Sauce übergießen. Wenn gewünscht, mit Basilikumzweigen garnieren und sofort servieren.

ROTE BOHNEN & REIS MIT GESCHMORTEM GRÜNZEUG & GERÄUCHERTEN MANDELN

Gerichte auf pflanzlicher Basis sind die beste Strategie, Geld zu sparen, und die Sparsamkeit ließ rote Bohnen und Reis zu einem Hauptnahrungsmittel im amerikanischen Süden werden. Diese Version verwendet braunen Reis wegen der Ballast- und Mineralstoffe und geschmortes Kohlgemüse, um das Mahl abzurunden. Geräucherte Mandeln liefern die Knackigkeit und ersetzen den Rauchgeschmack von Schweinefleisch im traditionellen Gericht.

200 g brauner Langkornreis

2 EL extra natives Olivenöl

1 kleine gelbe Zwiebel, gehackt

1 große rote Paprikaschote, entkernt und gehackt

2 Knoblauchzehen, gehackt

1 kleine Jalapeño-Chilischote, entkernt und gehackt

1 TL getrockneter Salbei

Meersalz

200 g getrocknete rote Bohnen, über Nacht eingeweicht und abgegossen

4 Frühlingszwiebeln, gehackt

20 g frische glatte Petersilie, gehackt

1 Bund Grünkohlblätter ohne Stängel, Rippen und Blätter separat gehackt

1 große Pflaumentomate, gehackt

120 ml Gemüsebrühe oder Wasser, plus mehr, wenn nötig

½ TL Paprikapulver

60 g Rauchmandeln, grob gehackt

1. 475 ml Wasser in einem Topf zum Kochen bringen. Den Reis zugeben und aufkochen lassen. Zudecken, auf niedere Hitze reduzieren und ca. 40 Minuten köcheln lassen, bis das ganze Wasser aufgenommen ist. Den Reis mit einer Gabel auflockern, wieder zudecken und mindestens 5 Minuten stehen lassen.

2. In einem großen Topf 1 EL Öl bei mittlerer bis hoher Hitze erwärmen. Zwiebel, Paprikaschoten und Knoblauch darin unter Rühren ca. 5 Minuten braten, bis sie beginnen, weich zu werden. Auf mittlere Hitze reduzieren, Jalapeño, Salbei und ½ TL Salz unterrühren und weitere 5 Minuten braten, bis es duftet. 700 ml Wasser und Bohnen zugeben, auf hohe Hitze stellen und zum Kochen bringen. Zudecken, auf mittlere bis niedere Hitze reduzieren und ca. 1 Stunde sanft köcheln lassen, bis die Bohnen sehr weich sind. Frühlingszwiebeln und Petersilie einrühren. Warm stellen.

3. In einer großen Pfanne das restliche Öl bei mittlerer bis hoher Hitze erwärmen. Die Grünkohlrippen zugeben und ca. 4 Minuten dünsten, danach Grünkohlblätter und Tomate hinzufügen und ca. 3 Minuten unter Rühren kochen, bis die Blätter weich sind. Brühe, Paprikapulver und ½ TL Salz zugeben und zum Kochen bringen. Hitze reduzieren und köcheln lassen, bis alles nach Wunsch gar ist, eventuell mehr Brühe zugießen.

4. Zum Servieren den Reis in jeder Schüssel anhäufen und mit Bohnen und Grünzeug belegen. Mit Mandeln garnieren und sofort servieren.

ERGIBT 4–6 PORTIONEN

GUMBO Z'HERBES MIT HIRSE

Ein Riesentopf grüner Köstlichkeiten – bei Gumbo z'herbes werden herzhafter Grünkohl, pikantes indisches Senfkraut und pfeffrige Wasserkresse als Eintopf gekocht und püriert. Dieses nachhaltige Grünzeug liefert Vitamine, Mineralstoffe und sogar ein wenig Eiweiß. Man sollte Gumbo Filé zugeben, ein Kräuterpulver aus gemahlenem Sassafras der Choctaw-Indianer, die es an die Arkadier weitergaben, als diese in Louisiana ankamen.

6 EL extra natives Olivenöl (90 ml)

2–3 große Lauchstangen, weiße und hellgrüne Teile in Scheiben geschnitten

140 g Stangensellerie, gehackt

4 große Frühlingszwiebeln, gehackt

20 g frische glatte Petersilie, gehackt

4 große Knoblauchzehen, gehackt

1 EL Filé-Pulver

½ TL getrockneter Oregano

½ TL Chipotle-Chilipulver

¼ TL Cayenne-Pfeffer

900 g Grünkohl, Blätter in Streifen geschnitten, Stiele gehackt

900 g indisches Senfkraut, in Streifen geschnitten

450 g Wasserkresse oder Rucola

1 Prise Bio-Rohrzucker

1,2 l Gemüsebrühe

30 g Mehl

Meersalz und frisch gemahlener Pfeffer

340 g Hirse

ERGIBT 6 PORTIONEN

1. In einem sehr großen Topf 2 EL Öl bei mittlerer bis hoher Hitze erwärmen. Lauch und Sellerie darin unter Rühren braten, bis sie zu brutzeln beginnen. Auf mittlere bis niedere Hitze reduzieren und ca. 8 Minuten weich dünsten. Frühlingszwiebeln, Petersilie und Knoblauch zugeben und unter Rühren 2–3 Minuten glasig werden lassen. Filé-Pulver, Oregano, Chipotle-Chilipulver und Cayenne-Pfeffer ca. 3 Minuten unterrühren, bis sie duften. Grünkohl, indisches Senfkraut, Wasserkresse und eine Prise Zucker unterrühren. 475 ml Brühe zugießen, zudecken und unter gelegentlichem Rühren ca. 15 Minuten das Gemüse weich kochen. Vom Herd nehmen.

2. In einer Küchenmaschine das Grünzeug portionsweise pürieren, eventuell zwischendurch an den Seiten nach unten schaben. In eine Schüssel geben. Topf ausspülen und abtrocknen.

3. Im selben Topf das restliche Öl bei mittlerer bis hoher Hitze erwärmen. Mehl zugeben und gut verrühren. Sobald es anfängt, Blasen zu werfen, die Hitze reduzieren und die Mischung ca. 7 Minuten köcheln lassen, bis der Roux die Farbe von Erdnussbutter hat. Die restlichen 700 ml Brühe zugießen, zum Kochen bringen und das pürierte Grünzeug unterrühren. 10 Minuten köcheln lassen, sodass sich die Aromen vermischen. Nach Geschmack mit Salz und Pfeffer würzen. Warm stellen.

4. In einem kleinen Topf die Hirse bei mittlerer bis hoher Hitze rösten, bis die Körner nach Popcorn duften. Vom Herd nehmen. 700 ml Wasser und 1 TL Salz zugeben, wieder auf den Herd stellen und zum Kochen bringen. Gut zudecken, auf niedere Hitze reduzieren und ca. 15 Minuten weich köcheln lassen. Auflockern und zugedeckt ca. 5 Minuten zum Ausquellen stehen lassen.

5. Hirse auf Schalen verteilen und den Gumbo darauf schöpfen. Sofort servieren.

HOPPIN' JOHN MIT CHIPOTLE-CHILISCHOTEN & KIDNEY-BOHNEN

Hoppin' John, auch bekannt als Carolina Rice, ist ein herzhaftes Bohnen-Reis-Gericht und kommt aus South Carolina. Es soll zu Neujahr mit Kohlblättern, die für Münzen stehen, Glück bringen. In dieser Version ersetzen Kidney-Bohnen die traditionellen Schwarzaugenbohnen und Pulver aus geräuchertem Paprika und Chipotle-Chilis ersetzen Schweinefleisch. Statt tierischem Fett bereichert gesundes Olivenöl das Gericht.

2 EL extra natives Olivenöl

4 Knoblauchzehen, gehackt

1 TL getrockneter oder frischer Thymian

½ TL Chipotle-Chilipulver

½ TL geräuchertes Paprikapulver

1 Lorbeerblatt

300 g Basmati- oder Jasmin-Reis

Meersalz

200 g gekochte Kidney-Bohnen, abgegossen und abgespült

4 große Frühlingszwiebeln, dünn geschnitten

20 g frische glatte Petersilie, gehackt

ERGIBT 4–6 PORTIONEN

1. Öl in einem großen Topf bei mittlerer bis hoher Hitze erwärmen. Knoblauch zugeben und 1 Minute rühren, bis er zu brutzeln beginnt, dann auf niedere Hitze reduzieren. Thymian, Paprika- und Chipotle-Chilipulver sowie Lorbeerblatt zugeben und 1 Minute unter Rühren braten, bis es duftet.

2. 525 ml Wasser zugeben, auf große Hitze erhöhen und zum Kochen bringen. Reis und ½ TL Salz zugeben und nochmals aufkochen lassen. Zudecken, auf niedere Hitze reduzieren und ca. 15 Minuten köcheln lassen, bis das ganze Wasser absorbiert ist. Bohnen, Frühlingszwiebeln und Petersilie unterrühren und sofort servieren.

DIE SUCHE NACH PFLANZLICHEM EIWEISS

Pflanzliches Eiweiß ist keine neue Errungenschaft der menschlichen Ernährung. Tofu, eine Eiweißquelle aus Sojabohnenbruch, gehört in China seit der Song-Dynastie vor mehr als tausend Jahren zu den Grundnahrungsmitteln. Während der nächsten Jahrhunderte verbreitete sich der Tofu-Konsum auf andere asiatische Länder – Japan, Vietnam und Teile von Südostasien – und darüber hinaus. In Amerika stammt die erste Erwähnung von Tofu aus einem Brief von Benjamin Franklin aus dem späten 18. Jahrhundert. Etwa 100 Jahre später etablierte sich Amerikas erster Tofu-Produzent, Wo Sing & Co., in San Francisco.

Eine weitere Quelle an pflanzlichem Eiweiß, Weizengluten, ist in China seit dem 6. Jahrhundert dokumentiert. Auch bekannt als Seitan, stellt man es her, indem man die Stärke aus Weizenmehlteig herauswäscht. Das unlösliche Gluten bleibt bestehen und wird vor dem Servieren gekocht, meist als Zutat zu chinesischen Nudeln oder als Fleischersatz. Es fand im 18. Jahrhundert den Weg nach Europa und wurde erstmals in *De Frumento* erwähnt, einer italienischen Abhandlung über Weizen und die Entdeckung von Gluten in Weizenmehl durch Jacopo Bartolomeo Beccari.[1]

Für viele Gesellschaften waren eiweißreiche, pflanzliche Grundnahrungsmittel Teil ihrer Kultur, wie Quinoa in Chile. In Europa und ganz Amerika begann die Suche nach alternativen Proteinen Ende des 19., Anfang des 20. Jahrhunderts.[2]

---

[1] Pini, Giovanni. 1940. *Jacopo Bartolomeo Beccari*. Cappelli.
[2] Miller, Laura J. 2017. *Building Nature's Market: The Business and Politics of Natural Foods*. University of Chicago Press. p. 30.

Da sich unsere Gesellschaft zunehmend über den CO_2-Fußabdruck von Tierzucht und industriellen Massenbetrieben Gedanken macht, *löste die Nachfrage nach einem vielfältigen Angebot an pflanzlichem Proteinen ein Umdenken aus.* Wenn wir unseren Horizont erweitern, können wir nahrhafte und leicht verdauliche Lebensmittel an so viel mehr Orten finden, als wir jemals angenommen haben. Viele Unternehmen bringen Produkte auf den Markt, die Geschmack, Textur und Mundgefühl von traditionellem tierischen Eiweiß besitzen und gleichzeitig den CO_2-Abdruck verringern. Indem wir einfach die Vielfalt an pflanzlichen Lebensmitteln in unserer Ernährung erhöhen, vergrößern wir die Vielfalt der Proteinquellen.

Die Wege zu einer vielfältigen Palette an pflanzlichem Eiweiß variieren zwar, *im Zentrum der Suche steht die Nachhaltigkeit: Wissenschaft und Technologie, vereint mit menschlicher Tradition und Kreativität.*

DESSERTS

„So wie wir Samen teilen können, können wir auch die Freizügigkeit der Natur miteinander teilen." —Jane

AQUAFABA-SCHOKOLADENMOUSSE

Jahrelang öffneten wir Dosen mit Kichererbsen und leerten das Kochwasser in den Abfluss. Dann entdeckte man, dass man die Flüssigkeit, die wir entsorgten, als Eiweißersatz nutzen konnte! Man nannte es „Aquafaba" – eine neue vegetarische Zutat war geboren. Dieses Mousse verwandelt einfache dunkle Schokolade in ein elegantes Dessert, indem es sich die Zauberkraft der Kochflüssigkeit nutzbar macht, die wir zu entsorgen pflegten.

115 g Zartbitterschokolade (keine Chips), gehackt

120 ml Aquafaba

¼ TL Weinsteinpulver

3 EL Bio-Rohrzucker

frische Früchte nach Saison, wie entkernte Kirschen, Beeren, Orangenspalten oder Birnen in Spalten, zum Garnieren

ERGIBT 4 PORTIONEN

1. Die Schokolade im Wasserbad oder in der Mikrowelle schmelzen und auf Raumtemperatur abkühlen lassen.

2. In einem Standmixer mit dem großen Quirl oder in einer großen Schüssel mit einem elektrischen Handmixer Aquafaba und Weinstein mit geringer Geschwindigkeit vermengen. Die Geschwindigkeit auf höchste Stufe stellen und ca. 10 Minuten schlagen, bis feste Spitzen entstehen. 1 EL Zucker einrieseln lassen und weitere 2 Minuten schlagen, dann den restlichen Zucker zugeben und nochmals 2 Minuten schlagen.

3. Die ausgekühlte, geschmolzene Schokolade über die Aquafaba-Mischung träufeln und mit einem Gummispatel vorsichtig unterheben. Die Mischung wird zusammenfallen, jedoch flaumig bleiben. In Gläser, Dessertschalen oder Vorratsbehälter geben und ca. 30 Minuten kalt stellen. Das Mousse mit Früchten garnieren und servieren.

BANANEN-KOKOS-EIS
MIT ROSMARIN

Wenn Eiscreme zu Ihren Schwächen gehört, versuchen Sie es doch mit dieser. Gefrorene Bananen sind hier die geheime Zutat – püriert und mit Rosmarin-Kokosmilch vermischt. Es lässt alle Eiscremeglocken läuten, jedoch ohne Milchfette oder Cholesterin. Wenn Sie überreife Bananen zu Hause haben, schneiden Sie sie in Scheiben und frieren Sie sie ein – und Sie sind bereit, ein ausgezeichnetes Eis herzustellen.

10 reife oder überreife Bananen, geschält und in 12 mm dicke Scheiben geschnitten

350 ml Kokosmilch aus der Dose

6 kleine Zweige frischer Rosmarin

2 EL Honig oder Agavensirup

40 g geröstete Kokosraspel

ERGIBT 4 PORTIONEN

1. 2 Backbleche mit Rand mit Backpapier auslegen. Die Bananenscheiben auf das vorbereitete Backblech legen und zudecken. Über Nacht einfrieren oder zumindest so lange, bis sie fest sind.

2. In einem kleinen Topf die Kokosmilch mit 2 Rosmarinzweigen und Honig bei niederer bis mittlerer Hitze erwärmen und 5 Minuten köcheln lassen. Vom Herd nehmen und mindestens 20 Minuten zugedeckt stehen lassen, damit die Kokosmilch das Rosmarinaroma annimmt. Die Rosmarinzweige herausnehmen und 1 Zweig entfernen. Die Blätter vom zweiten Zweig abzupfen und beiseitestellen.

3. In einem starken Standmixer die gefrorenen Bananen fein hacken. 160 ml Kokosmilch und die beiseitegestellten Rosmarinblätter zugeben und cremig mixen, wenn nötig, die Masse zwischendurch nach unten schaben.

4. Die Bananenmischung in Gläser oder Schalen löffeln und mit der restlichen Kokosmischung beträufeln. Mit Kokosraspeln und den restlichen Rosmarinzweigen garnieren und sofort servieren.

Rezeptanmerkung

Die Bananen sollten reif sein, dann sind die Konsistenz und das Aroma am besten. Die Eiscreme ist sofort nach der Zubereitung am besten, sie kann jedoch auch bis zu 2 Tage eingefroren werden.

UNGERÜHRTES SCHOKOLADENEIS

Für diese vegane Eiscreme braucht man keine Eismaschine. Dank „Aquafaba" kann man ohne Sahne die Konsistenz von gerührter Eiscreme erreichen. Aquafaba ist die Flüssigkeit, die man bei gekochten Kichererbsen abgießt und die die einzigartige Fähigkeit besitzt, die luftig aufgeschlagene Struktur zu behalten, die verhindert, dass die Mischung zu dicht wird. Der Doseninhalt jeder Marke von Kokosmilch ist unterschiedlich groß; Reste kann man einfrieren.

240 g Kokossahne

60 ml raffiniertes Kokosfett, geschmolzen

40 g ungesüßtes Kakaopulver

60 ml Aquafaba

¼ TL Weinsteinpulver

1 TL Vanilleextrakt

115 g Bio-Puderzucker

ERGIBT 4 PORTIONEN

1. Eine 23 x 13 x 7,5 cm große Auflaufform oder einen Vorratsbehälter für 1 l vorbereiten.

2. In einer mittleren Schüssel Kokosmilch und Kokosfett gut verrühren. Kakaopulver in die Schüssel sieben und gut verquirlen, sodass keine Klumpen bleiben.

3. In einem Standmixer mit Quirl oder in einer großen Schüssel mit einem elektrischen Handmixer Aquafaba und Weinsteinpulver mit niederer Geschwindigkeit vermengen. Vanilleextrakt zugeben, auf höchste Geschwindigkeit stellen und ca. 6 Minuten sehr flaumig rühren. Bei mittlerer Geschwindigkeit 30 g Puderzucker nach und nach zugeben und einarbeiten, bis alles gut vermengt und flaumig ist.

4. Mit einem Spatel die Kokosmischung vorsichtig unter die Aquafabamischung heben, sodass sie nicht zusammenfällt. Etwaige Klumpen mit dem Spatel zerdrücken. In die Auflaufform geben und die Oberfläche glatt streichen. Luftdicht verschließen und mindestens 3 Stunden einfrieren, längstens aber 2 Wochen.

5. Einige Minuten bei Raumtemperatur stehen lassen, dann mit einem in warmes Wasser getauchten Eisportionierer anrichten. Sofort servieren.

TAPIOKA-PUDDING MIT TROPISCHEN FRÜCHTEN

Perltapioka ist glutenfreie Stärke und nichts ist leichter, als damit Pudding zu kochen. In diesem Rezept sogt etwas Kokosmilch für Reichhaltigkeit und die saftigen tropischen Früchte bringen eine süß-scharfe Note. Mango und Papaya sind reich an Antioxidantien sowie Vitamin C und A. Man kann aber auch anderes saisonales Obst, wie Beeren oder Pfirsiche, verwenden.

90 g kleines Perltapioca

60 ml Kokosmilch

2 EL Bio-Rohrzucker

1 reife Mango geschält, entkernt und in Würfel geschnitten

½ reife Papaya, geschält, entkernt und in Scheiben geschnitten

Saft von 1 Limette

4 TL Demerera-Zucker

ERGIBT 4–6 PORTIONEN

1. 950 ml Wasser in einem kleinen Topf bei großer Hitze zum Kochen bringen. Auf mittlere Hitze reduzieren, Tapioka zugeben und 12–15 Minuten leicht köcheln lassen, bis es transparent ist. Durch ein feinmaschiges Sieb abgießen.

2. Tapioka in eine Schüssel geben. Kokosmilch und Bio-Zucker zugeben und umrühren, bis der Zucker aufgelöst ist. Zudecken und mindestens 1 Stunde kalt stellen (bis 24 Stunden).

3. Den Pudding auf Dessertschalen verteilen und mit Mango und Papaya belegen. Mit Limettensaft beträufeln, mit Demerera-Zucker bestreuen und sofort servieren.

KANDIERTE ORANGENSCHALEN IN SCHOKOLADE GETAUCHT

Orangen stärken das Immunsystem, und die Schalen als köstliche Bonbons unterstützen die Abfallverwertung. Seien Sie nicht von der Arbeit mit Zucker eingeschüchtert. Die Süßigkeiten sind leicht herzustellen, man braucht nur Zucker und Orangenschalen – und ein wenig Geduld. Der Überzug aus dunkler Schokolade zeugt von Luxus und ist überdies reich an Antioxidantien.

2 große Bio-Navel-Orangen

400 g Bio-Rohrzucker

105 g Demerera-Zucker

225 g Zartbitterschokolade

ERGIBT ETWA 45 BONBONS

1. Wasser in einem Topf zum Kochen bringen. Je eine Scheibe von 12 mm Dicke oben und unten von einer Orange schneiden, um sie flach hinstellen zu können. Die restliche Schale in 4 vertikale Abschnitte schneiden. Jeden Abschnitt einzeln im Ganzen abziehen. (Das Orangenfleisch für andere Zwecke zur Seite geben.) Die Schalen flach auf ein Schneidebrett legen und in 6 mm breite Streifen schneiden. Die Streifen in den Topf geben und ca. 15 Minuten kochen, bis sie weich sind. Abgießen, abspülen und nochmals abgießen.

2. Im selben Topf 475 ml Wasser und den Bio-Zucker zum Kochen bringen, dabei umrühren, um den Zucker aufzulösen. Die Orangenschalen zugeben und aufkochen lassen. Hitze reduzieren und ca. 45 Minuten köcheln lassen, bis die Schale sehr weich ist. Abgießen und den Zuckersirup für andere Zwecke aufbewahren.

3. Auf einem Backblech mit Rand Orangenschalen und Demerera-Zucker vermengen, die Streifen dabei voneinander trennen. Die Schalen aus dem Zucker heben und auf Alufolie legen. 1–2 Tage liegen lassen, bis der Überzug trocken ist.

4. Ein Backblech mit Rand mit Backpapier auslegen. Die Schokolade im Wasserbad oder in der Mikrowelle schmelzen lassen. Jeden Schalenstreifen etwa bis zur Hälfte in die Schokolade tauchen und auf das vorbereitete Blech legen. Die Schokolade ca. 1 Stunde fest werden lassen, erst dann servieren. Luftdicht verschlossen kann man die kandierten Schalen im Kühlschrank bis zu 1 Woche aufbewahren.

APFEL-CRANBERRY-RIEGEL MIT CRUMBLE

Mit Vollkorn und gesunden Früchten kann man sich bei diesen Haferflockenriegel gut fühlen. Cranberrys verfügen über besonders viel Antioxidantien und Vitamin C, deshalb sollte man sie nicht nur zu Thanksgiving essen. Es gibt sie das ganze Jahr über eingefroren und man kann sie auch leicht selbst auf einem Backblech mit Rand anfrieren und dann in Gefrierbeuteln im Tiefkühler aufbewahren. Bei gefrorenen Beeren muss man die Backzeit um einige Minuten verlängern.

1 EL Kokosfett

6 süße Äpfel (wie Gala oder Golden Delicious), geschält, entkernt und in Scheiben geschnitten (ca. 450 g)

115 g frische oder gefrorene Cranberrys

100 g brauner Zucker

1 TL Vanilleextrakt

FÜR DEN CRUMBLE

170 g Haferflocken

250 g Mehl

210 g brauner Zucker

1 TL Natron

Meersalz

120 ml Kokosfett, geschmolzen

120 ml ungesüßter Milchersatz

1 TL gemahlener Zimt

ERGIBT 16–20 RIEGEL

1. Den Backofen auf 180 °C vorheizen. Eine 23 x 33 cm große Backform befetten.

2. In einem Topf Öl bei niederer Hitze erwärmen. Die Äpfel darin unter häufigem Rühren ca. 5 Minuten braten, bis sie beginnen, weich zu werden. Cranberrys zugeben und weitere 2 Minuten braten, bis die ersten Beeren aufplatzen. Braunen Zucker und Vanilleextrakt hinzufügen und 2–3 Minuten rühren, bis die Mischung geschmolzen und sirupartig ist. Vom Herd nehmen.

3. Für den Crumble in einer großen Schüssel Haferflocken, Mehl, braunen Zucker, Natron und ¼ TL Salz verrühren. Öl und Milch-ersatz langsam eingießen, bis die Mischung ihre Form behält, wenn man sie drückt. Die Hälfte der Mischung über den Boden des vorbereiteten Blechs streuen. Die Hände befeuchten und die Streusel auf dem Blech festdrücken, nochmals Hände befeuchten, um zu verhindern, dass die Streusel auf den Händen kleben bleiben.

4. De Zimt in die restliche Haferflockenmischung einarbeiten. Die Apfelmischung auf das Blech geben und gleichmäßig mit der restlichen Crumblemischung bestreuen. Mit den Händen vorsichtig drücken, sodass die Masse gleichmäßige hoch ist.

5. 30–35 Minuten goldbraun backen, bis die Oberfläche Widerstand leistet, wenn man daraufdrückt. In der Form auf einem Gitter komplett auskühlen lassen und dann kalt stellen. In Quadrate schneiden und servieren. Oder warm und krümelig essen. Luftdicht verpackt kann man die Riegel bis zu 1 Woche im Kühlschrank aufbewahren.

BANANEN-SCHOKO-CUPCAKES

Bewahren Sie überreife Bananen und die Dosenflüssigkeit von Kichererbsen im Tiefkühler auf und Sie werden immer bereit sein für die köstlichen Cupcakes. Sie brauchen nur einige Zutaten aus dem Vorratsschrank. Kaufen sie Bio-Rohrzucker, der ohne Chemikalien angebaut wird, denn gewöhnlicher Zucker wird durch „Knochenasche" aus verbrannten Rinderknochen gefiltert.

155 g Mehl

1 TL Backpulver

Meersalz

2 überreife Bananen, geschält

140 g Bio-Rohrzucker

180 ml Aquafaba

60 ml Avocadoöl

1 TL Vanilleextrakt

170 g Zartbitter-Schoko-Drops

FÜR DIE GANACHE

90 g Zartbitterschokolade, gehackt

60 ml Kokosmilch

ERGIBT 12 CUPCAKES

1. Den Backofen auf 80 °C vorheizen. 12 Standard-Muffinformen mit Papierförmchen auslegen.

2. In einer großen Schüssel Mehl, Backpulver und ½ TL Salz vermengen. Beiseitestellen.

3. In einer Küchenmaschine die Bananen fein pürieren, dabei die Masse zwischendurch nach unten schaben und nochmals pürieren, sodass keine Stücke bleiben. Bei laufender Maschine den Zucker durch den Deckel zugeben. Sobald er gut einge-arbeitet ist, Aquafaba eingießen. Ca. 2 Minuten weitermixen, bis die Masse leicht und hell ist. Bei laufender Maschine Öl und Vanilleextrakt zugeben und sofort abschalten, sobald sie vermengt sind. Aquafaba-Mischung über das Mehl gießen und rasch vermengen, danach die Schoko-Drops einarbeiten.

4. Je 80 ml vom Teig abmessen und in die vorbereiteten Muffin-formen geben.

5. Etwa 20 Minuten backen, bis an einem in die Mitte der Cupcakes gesteckten Zahnstocher nur mehr einige feuchte Krümel haften bleiben.

6. Die Cupcakes in der Form auf einem Gitter 10 Minuten aus-kühlen lassen, aus der Form nehmen und komplett auskühlen lassen.

7. In der Zwischenzeit für die Ganache Schokolade in der Kokosmilch im Wasserbad schmelzen lassen, dabei umrühren. Leicht auskühlen lassen und die Spitze jedes ausgekühlten Cupcakes in die Ganache tauchen und wieder auf das Gitter geben. Wenn die Ganache nach ca. 30 Minuten getrocknet ist, servieren. Man kann die Cupcakes luftdicht verschlossen bis zu 4 Tage im Kühlschrank aufbewahren.

HAFERFLOCKEN-SNACKS MIT KERNEN & ERDNUSSBUTTER

Wenn Sie zähe Haferkekse mögen, werden sie diese grobkörnigen, mit Ahorn gesüßten Wunder lieben. Statt den leeren Kalorien zuckriger Kekse aus Weißmehl bieten sie eine richtige Mahlzeit – als respektables Frühstück oder süßer Snack. Knackige Sonnenblumen- oder Kürbiskerne werden beim Backen oft übersehen, sie sind jedoch eine umweltfreundliche, gesunde Alternative zu Nüssen und enthalten Eiweiß, Ballaststoffe und gute Fette.

90 g Haferflocken

115 g Vollweizenmehl für Feingebäck

1 TL gemahlener Zimt

½ TL Natron

Meersalz

155 g Ahornsirup

140 g glatte, ungesüßte Erdnussbutter

60 ml ungesüßter Milchersatz

60 ml Avocadoöl

2 EL Leinsamenschrot

½ TL Vanilleextrakt

90 g Rosinen oder andere Trockenfrüchte, gehackt

60 g Sonnenblumenkerne oder Kürbiskerne (Pepitas)

ERGIBT 4 COOKIES

1. Den Backofen auf 180 °C vorheizen. 2 Backbleche mit Rand leicht befetten oder mit Backpapier auslegen.

2. In einer großen Schüssel Haferflocken, Mehl, Zimt, Natron und ½ TL Salz vermengen. In einer mittleren Schüssel Ahornsirup, Erdnussbutter,Milchersatz, Öl, Leinsamenschrot und Vanilleextrakt verrühren. Die Ahornsirup-Mischung gut in die Haferflockenmischung gut rühren, danach Rosinen und Kerne zugeben.

3. Je 60 g vom Teig abmessen und auf die vorbereiteten Backbleche setzen. Jedes Cookie mit der befeuchteten Handfläche auf 12 mm flach drücken. 8 Minuten backen, die Cookies wenden und ca. weitere 8 Minuten backen, bis die Oberfläche trocken aussieht (sie werden immer noch weich erscheinen). Auf den Blechen auskühlen lassen, danach mit einem Spatel auf ein Kuchengitter geben. Warm oder bei Raumtemperatur servieren. Man kann die Cookies luftdicht verschlossen bis zu 1 Woche bei Raumtemperatur aufbewahren.

COOKIES MIT TAHINA & SCHOKOLADENSTÜCKCHEN

Erdnussbutter und Schokolade vertragen sich gut, doch auch Tahina ist ein glatter und köstlicher Partner für Schokolade. Man kann sowohl das traditionelle, leicht flüssige Tahina dafür verwenden oder auch gröbere – die Cookies verlaufen mit letzterem weniger stark. Tahina ist eine exzellente Quelle für pflanzliches Eiweiß und Kalzium.

115 g Mehl

2 EL Pfeilwurz

½ TL Natron

Meersalz

60 ml ungesüßter Milchersatz

1 EL Leinsamenschrot

120 ml raffiniertes Kokosfett, geschmolzen

140 g Tahina

210 g brauner Zucker

170 g dunkle Schokolade, gehackt

2 EL Sesamkörner

ERGIBT 12 KEKSE

1. In einer mittleren Schüssel Mehl, Pfeilwurz, Natron und ½ TL Salz vermengen. In einer kleinen Schüssel Milchersatz und Leinsamenschrot verrühren und 5 Minuten zum Gelieren stehen lassen.

2. In einem Standmixer mit Quirl oder in einer großen Schüssel mit dem elektrischen Handmixer Kokosfett und Tahina zu einer weichen Paste vermischen. Braunen Zucker einarbeiten. Den aufgequollenen Leinsamenschrot in die Tahinamischung geben und glatt schlagen. Bei niederer Geschwindigkeit die Mehlmischung unterrühren, danach die Schokolade ganz kurz einarbeiten. Teig 30 Minuten kalt stellen.

3. Den Backofen auf 180 °C vorheizen. 2 Backbleche mit Rand mit Backpapier auslegen.

4. Je 60 g vom Teig zu Kugel formen und je 6 Kugeln im Abstand von 5 cm auf die vorbereiteten Backbleche legen. Mit der befeuchteten Handfläche auf 2 cm flach drücken. Jedes Cookie mit ½ TL Sesamkörnern bestreuen.

5. Ca. 15 Minuten backen, bis die Cookies an den Rändern leicht braun und an der Oberfläche fest werden. Nach der Hälfte der Backzeit wenden. Ca. 5 Minuten auf den Blechen auf einem Rost auskühlen lassen, dann mit einem Spatel die Cookies auf ein Gitter setzen. Warm oder bei Raumtemperatur servieren. Man kann die Cookies luftdicht verschlossen bis zu 4 Tage bei Raumtemperatur aufbewahren.

MOKKA-BROWNIES

Mit leckerer Kaffee-Glasur und einer Schicht tief-dunkler Ganache sind diese Brownies beeindruckend und gnadenlos. Omnivore Freunde bekommen ihren Kaffee-Kick und vermissen dabei nichts. Bio-Kakao und Schokolade eignen sich gut, am besten verwenden Sie Fair-Trade-Schokolade, damit Sie nicht Firmen unterstützen, die Kinder in Afrika ausbeuten.

FÜR DIE BROWNIES

185 g Mehl

65 g ungesüßtes Kakaopulver

140 g Bio-Rohrzucker

2 EL Pfeilwurz

1 TL Backpulver

Meersalz

155 g Ahornsirup

120 ml Kokosmilch

120 ml raffiniertes Kokosfett, geschmolzen

30 g Bitterschokolade, geschmolzen

1 EL Vanilleextrakt

FÜR DIE MOKKASCHICHT

60 ml ungesüßter Milchersatz

2 EL Löskaffee

60 ml raffiniertes Kokosfett, geschmolzen

115 g Bio-Puderzucker

FÜR DIE GANACHE

60 ml Kokosmilch

90 g Zartbitterschokolade

1. Den Backofen auf 180 °C vorheizen. Eine quadratische Backform (23 cm) mit Backpapier auslegen.

2. Für die Brownies in einer großen Schüssel Mehl, Kakaopulver, Pfeilwurz, Backpulver und ½ TL Salz sehr gut verrühren. Sicherstellen, dass alles gut vermengt ist und sich keine Klumpen gebildet haben.

3. In einer mittleren Schüssel Ahornsirup, Kokosmilch, Kokosfett, geschmolzene Schokolade und Vanilleextrakt verrühren. (Keine kalten Zutaten verwenden, sonst wird die Schokolade fest, statt sich glatt einrühren zu lassen.) Ahornsirup-Mischung in die Mehlmischung rühren. Die Masse in die vorbereitete Backform geben und die Oberfläche glatt streichen.

4. Ca. 30 Minuten backen, bis die Oberfläche aufbricht und trocken aussieht. Die Mitte sollte noch nicht ganz durchgebacken sein. In der Form auf einem Gitter auskühlen lassen. Die ausgekühlten Brownies im Kühlschrank komplett durchkühlen lassen.

5. In der Zwischenzeit für die Mokkaschicht in einer mittleren Schüssel Löskaffee im Milchersatz auflösen. Zuerst Kokosfett, dann Puderzucker darin verrühren. Sobald eine streichbare Paste entstanden ist, diese gleichmäßig auf die Brownies auftragen. Kalt stellen, während man die Ganache zubereitet.

6. Für die Ganache Kokosmilch in einem Topf bei niederer Hitze erwärmen. Gehackte Schokolade zugeben und unter Rühren zu einer glatten Ganache schmelzen lassen. Die Ganache über die Mokkaschicht auf den kalten Brownies träufeln und zum Festwerden kalt stellen. Die Brownies in 9 Quadrate schneiden. Luftdicht verpackt kann man die Brownies bis zu 1 Woche im Kühlschrank aufbewahren.

ERGIBT 9 BROWNIES

ERDBEER-„KÄSE"-KUCHEN

Wenn Sie sich nach cremigen Top-Desserts sehnen, ist dieses das Richtige für Sie. Statt Doppelrahmkäse und Sauerrahm zu verwenden, verwandelt man seidenweichen Tofu mit Kokossahne und -fett in eine reichhaltige, cremige Süßigkeit ohne einen Funken Cholesterin.

FÜR DIE KRUSTE

115 g Walnüsse

90 g Graham-Cracker-Krümel

60 ml Kokosfett, plus mehr für die Pfanne

3 EL Ahornsirup

Meersalz

FÜR DIE FÜLLE

680 g fester Seidentofu

340 g Bio-Rohrzucker

225 g Kokossahne

120 ml raffiniertes Kokosfett, geschmolzen

35 g Pfeilwurz

2 EL Abrieb von einer Bio-Zitrone

3 EL Zitronensaft

2 EL Nährhefe

1 EL Vanilleextrakt

Meersalz

FÜR DAS TOPPING

450 g Erdbeeren, entstielt und halbiert

100 g Bio-Rohrzucker

60 ml Apfelsaft

1 EL Pfeilwurz

¼ TL Mandelextrakt

1. Den Backofen auf 180 °C vorheizen. Eine Springform (23 cm Durchmesser) mit Kokosfett befetten.

2. Walnüsse in einer Küchenmaschine fein reiben. Graham-Cracker-Krümel, Kokosfett, Ahornsirup und ¼ TL Salz zugeben und gut vermengen. Die Masse fest auf den Boden der vorbereiteten Springform drücken. Ca. 10 Minuten backen, bis die Masse fest, aber nicht braun ist. Auf einem Gitter 10 Minuten auskühlen lassen.

3. Für die Fülle den Tofu abgießen, im Standmixer oder in einer Küchenmaschine glatt pürieren, dabei die Masse ein, zwei Mal nach unten schaben. Zucker, Kokossahne, Kokosfett, Pfeilwurz, Zitronenabrieb, Zitronensaft, Nährhefe, Vanilleextrakt und ¼ TL Salz zugeben und sehr fein pürieren. Auf die Kruste streichen.

4. Die Springform auf ein Backblech mit Rand setzen und 75–70 Minuten backen, bis die Ränder goldbraun sind und die Mitte noch wackelt, aber nicht mehr flüssig ist. Auf einem Gitter bei Raumtemperatur ca. 1 Stunde auskühlen lassen. Nicht zudecken und mindestens 3 Stunden sehr kalt stellen.

5. Für das Topping in einem mittleren Topf Erdbeeren und Zucker bei mittlerer Hitze unter häufigem Rühren zum Kochen bringen. In der Zwischenzeit in einer kleinen Schüssel Apfelsaft und Pfeilwurz verrühren. Sobald die Erdbeeren weich und saftig sind, zuerst die Pfeilwurzmischung, dann den Mandelextrakt einrühren. Wenn die Mischung eingedickt und glänzend ist, diese über den gekühlten Käsekuchen gießen und kalt stellen.

6. Zum Servieren mit einem scharfen Messer entlang des Randes der Form den Kuchen lösen und herausnehmen. In 12 Stücke schneiden und servieren. Man kann den Kuchen luftdicht verschlossen bis zu 4 Tage im Kühlschrank aufbewahren.

ERGIBT 12 PORTIONEN

DIE MACHT DER EINZELAKTIONEN

Unabhängig von Beruf, Gemeinschaft oder Alter kann jeder etwas bewirken. *Die Kraft des kollektiven, individuellen Handelns ruft strukturelle Veränderungen hervor.* In der Welt der Nahrungsmittel bedeutet das, Stimme und ökonomische Kaufkraft zu nützen, um sich für einen wichtige Veränderungen einzusetzen. Es bedeutet auch, für Verbesserungen für andere Partei zu ergreifen, im Wissen, dass ein besseres Ernährungssystem jeder Gemeinschaft hilft.

Viele, die die verheerende Auswirkung unseres derzeitigen Lebensmittelsystems gesehen haben, haben den Wandel bereits selbst in die Hand genommen. Dies lässt sich am starken Wachstum der Einkäufe von Bio-Lebensmitteln ablesen. Laut dem Pew Research Center ist sowohl die Anzahl der Bio-Betriebe als auch die Menge der verkauften zertifizierten Bio-Waren seit 2011 um mehr als 50 % gestiegen.[1] Im Jahr 2016 verkauften Bio-Betriebe zertifizierte Bio-Waren im Wert von fast 7,6 Milliarden US-Dollar, mehr als doppelt so viel wie im Jahr 2011 mit 3,5 Milliarden US-Dollar.

In unseren Gemeinden gibt es viele Wege, Veränderungen in unserem Nahrungssystem anzuregen. Man kann örtliche Restaurants und Geschäfte auf ein Angebot an pflanzenbasierter Nahrung ansprechen; eine bessere Kennzeichnung verlangen, sodass Konsumenten ihre Wahl bewusst treffen können; in Gemeinschaftsgärten investieren oder solche gründen und so frische Produkte und leistbare pflanzliche Optionen zugänglich machen.

---

[1] Bialik, Kristen, and Kristi Walker. 2019. „Organic Farming Is on the Rise in the U.S." Pew Research Center. January 10, 2019. https://www.pewresearch.org/fact-tank/2019/01/10/organic-farming-is-on-the-rise-in-the-u-s/.

Aber das mächtigste Werkzeug, um für ein faireres Nahrungs-system zu kämpfen, ist das Geld. Das bedeutet auch, dass man verstehen sollte, was man kauft. Vom Saatgut über die Böden, Fabriken, Lastwagen und Züge, Regale und Etiketten bis zu den Tellern – jeder Teil hat Auswirkungen auf uns, auf die Tiere und auf unseren Planeten – mit allen Vor- und Nachteilen.

Mit unserem Geld, unserer Stimme und unseren Handlungen können wir Veränderungen bewirken, die wir uns allgemein wünschen; wir können alles ändern.

„Lasst uns mit vereinten Händen und Herzen ein klein wenig zu einer besseren Welt für unsere Kinder und Enkelkinder beitragen."[2]

---

[2] Goodall, McAvoy, and Hudson, *Harvest for Hope*, xxiv.

„Es gibt wirklich die neue Hoffnung, dass wir das Ende der Landwirtschaft mit massivem Einsatz von Chemikalien erleben werden."—Jane

AQUAFABA-AIOLI

Gießen Sie Kichererbsen-Wasser nicht weg! Es ist die geheime Zutat für eine Mayonnaise, die es mit jeder anderen aus dem Laden aufnimmt. Durch das erstaunlich nach Ei schmeckende, geschlagene Aquafaba kann man eine Emulsion herstellen und diese als Aufstrich oder Dip-Sauce verwenden, ganz ohne die Nachteile von rohen Eiern.

35 g Cashew-Nüsse

60 ml Aquafaba

2 Knoblauchzehen, in Scheiben geschnitten

1 EL Zitronensaft

2 EL Dijon-Senf

Meersalz

120 ml Avocadoöl

1 EL frische glatte Petersilie, fein gehackt

ERGIBT ETWA
180 ML

1. Die Cashew-Nüsse in einer hitzebeständigen Schüssel mit kochendem Wasser übergießen und stehen lassen, bis man die Nüsse leicht zerdrücken kann, aber mindestens zwei Stunden. Abgießen.

2. In einem starken Standmixer Cashew-Nüsse, Aquafaba, Knoblauch, Zitronensaft, Senf und ½ TL Salz bei niederer Geschwindigkeit und dann immer schneller werdend zu einer weichen Paste pürieren. Eventuell zwischendurch die Masse nach unten schaben.

3. Wenn die Masse glatt ist, bei laufendem Mixer Öl in einem dünnen Strahl eingießen und einige Minuten weitermixen, bis es völlig eingearbeitet ist. Eventuell zwischendurch die Masse nach unten schaben. Sobald die Masse emulgiert hat, Petersilie zugeben und kurz vermengen.

4. Aioli in einen Vorratsbehälter oder ein Glas geben und kalt stellen. Es wird während des Kühlens eindicken. Man kann das Aioli luftdicht verschlossen bis zu 1 Woche im Kühlschrank aufbewahren.

BLUMENKOHL-CASHEW-QUESO

Viele der beliebtesten mexikanischen Gerichte sind mit Käse überbacken oder mit Sauer-rahm garniert. Nehmen Sie mit dem köstlichen, leicht pikanten, pflanzlichen Queso-Dip Abstand von all diesen Milchprodukten. Cremige Cashew-Nüsse und Blumenkohl verbinden sich zu einer glatten, leicht flüssigen Nacho-Sauce, die rauchig würzig schmeckt. Denken Sie daran, die Cashew-Nüsse am Vorabend einzuweichen, so kann man sie leichter pürieren.

2 EL Avocadoöl oder raffiniertes Kokosfett

60 g gelbe Zwiebel, gehackt

2 Knoblauchzehen, gehackt

2 Jalapeño-Chilischoten, entkernt und gehackt

1 TL gemahlener Kreuzkümmel

½ TL geräuchertes Paprikapulver

¼ TL gemahlene Kurkuma

350 ml ungesüßter Milchersatz

2 EL Nährhefe

2 EL weißes Miso

225 g Blumenkohl, gehackt

60 g Cashew-Nüsse, über Nacht eingeweicht und abgegossen

2 EL Kimchi-Lake

1 TL Apfelessig

Meersalz

ERGIBT 700 ML

1. In einer großen Pfanne Öl bei mittlerer bis hoher Hitze er-wärmen. Zwiebel, Knoblauch und die Hälfte der gehackten Jalapeño darin ca. 5 Minuten goldbraun braten, die Hitze reduzieren, sobald es zu brutzeln beginnt. Kreuzkümmel, Paprikapulver und Kurkuma einige Sekunden unterrühren. Milchersatz, Nährhefe, Miso und Blumenkohl zugeben, bei hoher Hitze zum Kochen bringen. Zudecken, auf niedere Hitze reduzieren und ca. 10 Minuten kochen, bis der Blumenkohl sehr weich ist.

2. Den Inhalt der Pfanne vorsichtig in einen Mixer geben. Cashew-Nüsse, Kimchi-Lake, Essig und 1 TL Salz zugeben und bei geschlossenem Deckel sehr fein pürieren, dabei die Masse, wenn nötig, nach unten schaben. Den restlichen gehackten Jalapeño unterrühren und sofort servieren. Man kann den Queso luftdicht verschlossen bis zu 4 Tagen im Kühlschrank aufbewahren

MANDEL-„CHÈVRE"

Milchkäse ist von Natur aus komplex, er verbindet Milchkomponenten mit Mikroben, die Fermentation und Geschmack auslösen. Der Schlüssel für eine Alternative auf Nuss-Basis ist, Fermentation in ähnlicher Weise zu nützen. Bei diesem „Chèvre" püriert man eingeweichte Mandeln zu einer glatten Paste und gibt dann den Inhalt einer probiotischen Kapsel dazu. Die Mikroben bringen die Nüsse zum Fermentieren; so wird der pikante Geschmack erzeugt.

200 g geschälte Mandeln, über Nacht eingeweicht und abgegossen

1 Acidophilus- oder eine andere probiotische Kapsel, entleert, Hülle enfernt

1 EL Nährhefe (optional)

1 TL unpasteurisierter Apfelessig

Meersalz

ERGIBT 190 G

1. In einem starken Standmixer oder einer Küchenmaschine die Mandeln zerkleinern. 120 ml Wasser und Acidophilus zugeben und sehr fein pürieren. Die Masse nach unten schaben und weitermixen, bis keine Krümeln mehr vorhanden sind. Die Masse in einen Vorratsbehälter oder eine Schüssel geben und mit einem Tuch locker zudecken. Bei Raumtemperatur 24–48 Stunden stehen lassen, bis die Masse Blasen wirft. (Je wärmer der Raum ist, desto schneller geht es.)

2. An diesem Punkt den „Chèvre" kosten. Die Oberfläche sieht vielleicht etwas trocken und mit Blasen übersät aus. Er sollte ein wenig nach Brot riechen und etwas pikant schmecken. Wenn dem nicht so ist, 1 weiteren Tag stehen lassen. Nährhefe (wenn gewünscht), Essig und 1 TL Salz einrühren. Man kann den „Chèvre" luftdicht verschlossen bis zu 1 Woche im Kühlschrank aufbewahren.

SCHONEND GEGARTER SEITAN

Seitan selbst in einem Schongarer zuzubereiten ist einfach, seit es Weizengluten in Geschäften zu kaufen gibt. Das Mehl besteht aus 75 % Eiweiß und wenn man es mit Wasser mischt, entsteht ein fasriger, elastischer Teig. Seitan ist ein uraltes Nahrungsmittel in China und enthält 60 g Eiweiß pro 120 g. Dank der schwammigen, trotzdem festen Konsistenz saugt er aromatische Saucen und Brühen auf und man kann ihn braten oder schmoren.

240 g Weizengluten

30 g Kichererbsenmehl

2 EL extra natives Olivenöl

2 EL Tamari

2 EL rotes Miso

1 EL Tomatenmark

20 g getrocknete Pilze (jede Art))

4 Knoblauchzehen, halbiert

1 EL Tamari

ERGIBT ETWA 1 KG

1. In einer großen Schüssel Weizengluten und Kichererbsenmehl vermengen. In einer mittleren Schüssel 250 ml Wasser, Öl, Tamari, rotes Miso und Tomatenmark glatt verrühren. Die Glutenmischung einarbeiten, bis ein fester Teig entsteht. Den Teig ca. 2 Minuten kneten, bis er elastisch ist. Zu einer ca. 23 cm langen Rolle formen.

2. 2 l Wasser, Pilze, Knoblauch und Tamari in einen Schongarer geben. Die Seitan-Rolle zufügen und eventuell noch etwas Wasser zugeben, sodass sie bedeckt ist. Den Deckel schließen und auf niederer Stufe 6 Stunden garen. (Alternativ die Zutaten in einem großen Topf bei niederer Hitze zugedeckt etwa 2 Stunden köcheln lassen.)

3. Der Seitan sollte bei Druck fest sein und bei der Garprobe mit einem Thermometer 82 °C haben. Komplett in der Brühe auskühlen lassen, danach nach Wunsch in Scheiben oder Würfel schneiden oder klein hacken. Man kann ihn gewürfelt oder zerkleinert und mit etwas Brühe in luftdicht verschlossenen Vorratsbehältern einfrieren. Seitan hält luftdicht verschlossen bis zu 1 Woche im Kühlschrank oder bis zu 1 Monat im Tiefkühler.

MASA-TEIG FÜR KLÖSSE

80 g Masa harina (mexikanisches Maismehl)

30 g Mehl

½ TL Backpulver

Meersalz

1 EL kaltes Kokosfett, in kleine Stücke geschnitten

90 ml ungesüßter Milchersatz oder mehr, wenn nötig

1 EL frischer Koriander, fein gehackt

In einer Schüssel Masa, Mehl, Backpulver und ½ TL Salz vermengen. Mit den Fingerspitzen das Kokosfett mit der Mehlmischung zu feinen Krümeln verreiben. Milchersatz und Koriander zugeben und vorsichtig rühren, bis ein Teig entsteht. Wenn der Teig zu trocken erscheint, etwas Milchersatz teelöffelweise zugeben.

> ERGIBT ETWA
> 18 KLÖSSE

MASA-TEIG FÜR MAISTORTILLAS

225 g Masa harina (mexikanisches Maismehl)

1 TL Chilipulver

Meersalz

240 ml warmes Wasser (49 °C)

In einer Schüssel Masa, Chilipulver und ½ TL Salz vermengen. Warmes Wasser zugeben und kneten, bis der Teig glatt und nicht mehr klebrig ist. Den Teig in 12 Stücke in der Größe eines Golfballes teilen. Mit einem feuchten Tuch bedecken und vor dem Formen der Tortillas 10 Minuten beiseitestellen.

> ERGIBT 12 MAIS-
> TORTILLAS

PIKANTE TOAST-ECKEN

6 Scheiben Vollkornweizenbrot
(1 Tag altes ist gut)

2 EL extra natives Olivenöl

1 Knoblauchzehe, zerdrückt

1 TL gemahlener Kreuzkümmel

½ TL Paprikapulver

ERGIBT 24 TOASTS

Den Backofen auf 200 °C vorheizen. Ein Backblech mit Rand vorbereiten. Je 2 Brotscheiben aufeinander auf ein Schneidebrett legen und zwei Mal diagonal durchschneiden, sodass aus jeder Scheibe 4 Dreiecke entstehen. In einer kleinen Schüssel Öl, Knoblauch, Kreuzkümmel und Paprikapulver verrühren. Mit einem Küchenpinsel die Toastecken auf beiden Seiten dünn mit der Ölmischung bestreichen und auf das Backblech legen. 4 Minuten backen, wenden und weitere 4 Minuten backen, bis die Toasts knusprig sind.

REMOULADENSAUCE

180 ml vegane Mayonnaise (oder
Aquafaba-Aioli, Seite 160)

40 g Dill-Pickles, fein gehackt,
oder 40 g Relish

1 EL Kapern, abgegossen

1 Knoblauchzehe, zerdrückt

10 g frische glatte Petersilie, fein
gehackt

1 Frühlingszwiebel, fein gehackt

1 EL Tomatenmark

1 EL Zitronensaft

1 TL Tabasco-Sauce

Vegane Mayonnaise in eine kleine Schüssel geben. Pickles, Kapern, Knoblauch, Petersilie, Frühlingszwiebel, Tomatenmark, Zitronensaft und Tabasco zugeben und gut verrühren. Man kann die Remouladensauce luftdicht verschlossen bis zu 2 Tage im Kühlschrank aufbewahren.

ERGIBT 230 ML

REGISTER

ZS Verlag
Ein Verlag der Edel Verlagsgruppe

1. Auflage 2021
ZS Verlag GmbH
Kaiserstraße 14 b
80801 München
www.zsverlag.de

Titel der Originalausgabe:
Eat Meat Less
© 2021 Weldon Owen

Fotografin: Erin Scott
Food Stylistin: Lillian Kang
Prop Stylistin: Claire Mack
Fotos auf Seite 136 und Backcover
von Michael Collopy

Projektkoordination der deutschen Ausgabe:
Dorothee Seeliger
Übersetzung ins Deutsche:
Anita Weinberger-Schwendenwein
Produktionsbetreuung: Print Company Verlagsges.m.b.H., Wien

Printed in China

ISBN: 978-3-96584-132-1

Weldon Owen möchte folgenden Personen für die großzügige Unterstützung bei der Erstellung dieses Buches danken:
Robin Asbell, Kris Balloun, Lesley Bruynesteyn, Rachel Markowitz und Elizabeth Parson.